Wolfgang Raible
Erich Garhammer – Jörg Seip – Bernhard Spielberg
Wie ein Fremder im eigenen Land (Jer 14,8)

Wolfgang Raible
Erich Garhammer – Jörg Seip –
Bernhard Spielberg

Wie ein Fremder im eigenen Land (Jer 14,8)

Hinführung und praktische Beispiele zu Predigten in Sondersituationen

Für die Ausgabe in der Reihe „Gottes Volk"
Bezugspreise: Abonnement EUR 91,80 im Jahr; Einzelpreis EUR 12,–
Preise zuzüglich Porto. Preise einschließlich Mehrwertsteuer.
Abbestellungen sind mit einer Frist von 8 Wochen zum Ende eines Lesejahreszyklus ABC möglich.

www.bibelwerk.de
ISBN 978-3-460-26689-6
ISSN 0946-8943

Alle Rechte vorbehalten
© 2009 Verlag Katholisches Bibelwerk GmbH, D-70176 Stuttgart, Silberburgstraße 121

Sollte es uns trotz gewissenhafter Bemühungen in einzelnen Fällen nicht gelungen sein, die Rechtsinhaber zu finden, bitten wir diese, sich gegebenenfalls mit dem Verlag Katholisches Bibelwerk in Verbindung zu setzen.

Satz und Layout: Olschewski Medien GmbH, Stuttgart
Gesamtherstellung in Europa

Inhalt

A Predigen in Sondersituationen
Erich Garhammer – Jörg Seip – Bernhard Spielberg 9

I. Drei kritische Zeitansagen 9
1. Die fremde Kirche – eine soziologische Zeitansage 10
2. Der fremde Gott – eine biblische Zeitansage 12
3. Die fremden Menschen – eine homiletische Zeitansage 14

II. Drei homiletische Übersetzungen 18
1. Lesen des Lebenstextes 19
2. Lesen der Heiligen Texte vor dem Hintergrund
   der Lebenstexte 22
3. Im Raum der vielen Texte 23

III. Drei literarische Sehhilfen 26
1. Dieter Wellershoff: Blick auf einen fernen Berg 26
2. Jan Lurvink: Windladen 30
3. Hans Magnus Enzensberger: „Unbemerktes Mirakel" 34

B Praktische Beispiele
Wolfgang Raible 38

KIRCHENJAHR

Weihnachtszeit 38
Zu Risiken und Nebenwirkungen ... (Christmette) 38
Weihnachtliche Gefahrenmeldung (Christmette) 41
Unser Gott sucht eine Wohnung (Weihnachten am Tag) 44
Mein Marmorblock (Neujahr) 47
Das Zeichen des Weges (Neujahr) 50

Osterzeit 55
Ostern und der Humor (Osternacht) 55
Ostern mit Fred, dem Bestattungsunternehmer (Osternacht) .. 58
Jesus und Dornröschen (Ostersonntag) 62
Ein Hauch von Jesus (Pfingsten) 65

Feste im Jahreskreis 70
Wes' Brot ich ess', des' Lied ich sing' (Fronleichnam) 70
Der Traum vom blühenden Leben (Erntedankfest) 73
„Dann sitzen sie fröhlich zusammen ..." (Allerheiligen) 76
Der Tod schenkt uns das Leben (Allerseelen) 81

KASUALIEN

Taufe 86
Vier Wünsche zur Taufe (zu Mk 1,9-11) 86
Drei Affen und eine Blindenheilung (zu Joh 9,1-7) 87
Originalität und Organismus (zu 1 Kor 12,12-13) 89
Salz, Licht – und Seife (zu Mt 5,13-16) 91

Erstkommunion 94
S O S (zu Lk 8,22-25) 94

Trauung 97
Das etwas andere Hochzeitsbild (zu Mt 14,22-33) 97
Das Sakrament der Muschel (zum Symbol ‚Muschel') 100
All you need is love (zu Joh 15,1-9) 103
Ehe mit Musik (zu Kol 3,12-17 und Mt 22,34-40) 107

Primiz 111
Sei ein Narr um Christi willen! (zu 2 Kor 11,16-19 und
Lk 7,31-35) 111
Meine Stärke und mein Lied ist der Herr (zu Ps 118,14) 119

Beerdigung 125
Wir sind nur Verwalter (für ein Kind zu Joh 6,37.39-40) 125
Trauern mit Hoffnung (zu 1 Thess 4,13-14.17b-18) 128
Ein Koffer für die letzte Reise (zu 1 Thess 4,13-14.17b-18) ... 131
Er war ein Suchender (zu Ps 24,3-6) 134

Zu verschiedenen Anlässen 137
Interview mit Thomas (Thomas-Messe) 137
Alternative Bildmeditation (Fastnachtspredigt in Versform) .. 141
Die „Schriftgelehrten" in unseren Gottesdiensten
(Fastnachtspredigt in Versform) 147
Zwischenruf eines alten Narren (Fastnacht) 156

Autoren 159

Erich Garhammer – Jörg Seip – Bernhard Spielberg

A Predigen in Sondersituationen

Dieser Beitrag ist ein Gemeinschaftswerk am Lehrstuhl für Pastoraltheologie, Würzburg. Teil I hat Bernhard Spielberg, Teil II Jörg Seip und Teil III Erich Garhammer verfasst.

I. Drei kritische Zeitansagen

Die obligatorische Probe der Erstkommunionkinder vor dem Weißen Sonntag geht ihrem Ende entgegen. Eltern sammeln sich in der Kirche, um ihre Sprösslinge abzuholen. Zum Abschied schüttelt der Seelsorger noch ein paar Hände und sagt nette Worte. Ein Vater nutzt die Gelegenheit für ein Kompliment: „Ich finde es super, dass es hier in der Kirche gleich am Eingang noch Aschenbecher gibt."
Diese Begebenheit aus einer Pfarrei in Deutschland ist mehr als eine Anekdote. Sie bringt in der ungeschminkten Ehrlichkeit einer Außenperspektive die Fremdheit eines großen Teils von Menschen gegenüber der gegenwärtigen Praxis und Ästhetik der Kirche auf den Punkt. Das sind beileibe nicht nur prinzipiell Desinteressierte. Auch viele der eigenen Mitglieder können buchstäblich wenig mit dem anfangen, was ihnen sensorisch, visuell und akustisch im Kirchenraum begegnet. Anders gesagt: Nicht wenige Menschen fühlen sich in unseren Kirchen und Gottesdiensten wie Fremde in einem buddhistischen Tempel, den sie respektvoll, aber verunsichert besuchen. In drei Zeitansagen wird diese Fremdheit soziologisch, biblisch und homiletisch beleuchtet.

1. Die fremde Kirche – eine soziologische Zeitansage

Dokumentiert wird die Fremdheit zwischen der Gegenwarts- und der kirchlichen Kultur seit Jahren in der Religionssoziologie. Bildreich zeigt sie beispielsweise die Studie zu den religiösen und kirchlichen Orientierungen in den Sinus-Milieus *(MDG/KSA 2006)*. Deutlich wird darin nicht nur der Graben, der die gemeindliche Praxis von den Lebenswelten der Ober- wie der Unterschicht sowie von den jugendlichen Milieus trennt, sondern auch die spirituelle und intellektuelle Distanz der Menschen im Milieu der so genannten „Bürgerlichen Mitte". Das ist gerade deshalb so spannend, weil dieses Milieu mit gegenwärtig 15 Prozent Anteil an der Bevölkerung das größte in Deutschland ist und, wenn man so will, die „normalen Menschen" im Land repräsentiert. Es sind gerade Menschen aus der „Bürgerlichen Mitte", die gern zu Familiengottesdiensten kommen, bei Kindergartenfesten am Grill stehen und auch die Last der Kommunion- und Firmkatechese am heimischen Esstisch zu schultern bereit sind. Dennoch zeigt die Studie, dass auch in diesem Milieu ein „erhebliches Maß an Entfremdung von katholischen Ritualen und Normen" besteht, und „auch elementare Symbole (Weihwasser, Kniebeuge) und Metaphern (Hirte, Schafe, Licht in der Finsternis) ... in ihrer originären Bedeutung nicht mehr verstanden werden" *(MDG/KSA 2006, 220)*. Eine Kirchensprache, die mit Worten wie „Barmherzigkeit" oder „Seele" wuchert, wirkt auf Menschen in diesem Milieu abschreckend. Die kirchlichen Rituale, Symbole und Normen haben häufig keine Anbindung an den Alltag. Wichtig ist die Kirche vor allem für die Entwicklung der Kinder – ihr Wohl ist der Grund für das hohe Engagement.

Was hier für das größte der zehn Milieus beschrieben wird, dürfte auch weit über dessen Grenzen hinaus das Verhältnis von Menschen zur Kirche auszeichnen. In diese Richtung weist der Religionsmonitor der Bertelsmann-Stiftung, der in seiner Typologisierung neben einem Anteil von 18 Prozent von so genannten „Hochreligiösen" in Deutschland mit 52 Prozent mehr als die Hälfte der Menschen als

I. Drei kritische Zeitansagen

„Religiöse" identifiziert *(Huber 2008, 27)*. In dieser letztgenannten Gruppe spielt Religion im Alltag eine untergeordnete Rolle, sie läuft allerdings „wie eine Hintergrundmusik mit, die zwar riten- und kirchenkritisch vorgetragen wird, aber doch gerade darauf zurückgreift: auf Taufe, Kommunion/Konfirmation, Hochzeit, Beerdigung, Weihnachten, Ostern und ähnliche Anlässe, die sich dann irgendwie von selbst verstehen – von selbst heißt, dass dies exakt die Hintergrundmusik ist, die mitläuft." *(Nassehi 2008, 127)*. Hier wird über die Schwelle der Konfessionen hinweg ein neuer Modus der Kirchemitgliedschaft deutlich, der auch als „Kasualienfrömmigkeit" beschrieben wurde *(Först/Kügler 2008)*. Er steht für eine alltagspraktische Kirchendistanz, die zu besonderen Zeiten in eine selbstverständliche Ritualpraxis mündet. Was für einen Großteil der Menschen normaler Ausdruck ihrer Kirchlichkeit ist, befremdet vor allem diejenigen, deren Verständnis von Kirche sich am Ideal hochengagierter Gemeindefrömmigkeit orientiert, also auch einige der Hauptberuflichen. Das ist zunächst auch wenig verwunderlich.

Nebenbei bemerkt: Interessant ist in der Perspektive des Religionsmonitors, dass neben dieser Form der häufig ästhetischen Distanzierung zur Institution bei den „Religiösen" auch in der Gruppe der „Hochreligiösen" ein Abstand zur Kirche deutlich wird – wenn auch vor einem anderen Hintergrund. Für Menschen dieses Typs sind „die religiöse Sicht auf die Dinge und religiöse Erfahrung für die eigene Persönlichkeit ... zentral. ... Und fast flächendeckend wird in diesem Typus die Kirchenbindung relativiert. Wirklich religiös erscheinen die Dinge erst dann, wenn man semantisch betonen kann, dass sie ganz aus der Person und ihrer Besonderheit selbst stammen und nicht allein durch kirchliche Mitgliedschaft bewirkt wird – selbst wenn diese faktisch bedeutsam sein sollte." *(Nassehi 2008, 127)*. Neben eine Fremdheit aus ästhetischen und semantischen Gründen tritt hier eine Fremdheit aus religiösen Gründen. Sie dürften nicht wenige kirchliche Mitarbeiterinnen und Mitarbeiter selbst spüren.

Die Veränderungen in der kirchlichen Landschaft, die in persönlichen Begegnungen am Weihwasserbecken spürbar und in wissenschaftlichen Untersuchungen nachlesbar sind, zeigen, dass die Kirche nach dem konstantinischen Zeitalter nicht nur die Steuerungsmöglichkeit über das Leben ihrer eigenen Mitglieder verloren hat, sondern auch, dass alte Formen und Formeln leer geworden sind. Sie weisen aber auf neue Formen individueller Kirchlichkeit hin, die bereits gelebt werden. Es sind die Wendepunkte der eigenen Biografie und die großen Feste wie Ostern und Weihnachen, an denen die Kirche einfach dazugehört. Es ist eine spannende Zeit.

2. Der fremde Gott – eine biblische Zeitansage

Die Zeit um die Jahrhundertwende 600 v. Chr. war ebenfalls eine spannende. Es ist die Wirkungszeit des Propheten Jeremia, in die bedeutsame weltgeschichtliche Ereignisse fallen: Das assyrische Reich verliert seine Macht an die Neubabylonier, im Jahre 612 geht Ninive unter, König Joschija führt Kultreformen in Israel durch, Jerusalem wird belagert und schließlich 587 durch Nebukadnezzar zerstört und die Oberschicht des Volkes Israel für Jahrzehnte ins Exil verschleppt. In diesen dramatischen Umbrüchen tritt Jeremia auf. Er geht mit seinem Volk hart ins Gericht und warnt vor dem, was noch kommt. Im Laufe der Geschichte wurde er zum Unglücksprophenten stilisiert, zu einem, der den Verfall der Werte seiner Zeit anprangert. Doch Jeremia ist – anders als die sprichwörtliche Jeremiade es ihm anhängen will – nicht als Patron der Kulturpessimisten geeignet. Seine Prophetie richtet sich nicht einfach gegen seine Zeit. Es sind vielmehr drei Haltungen, denen er entgegentritt.
Die erste ist die Ignoranz der tatsächlichen Verhältnisse. Jeremia greift diejenigen an, die sich der Realität verschließen und sich den eigenen Machtverlust nicht eingestehen wollen; diejenigen, die glauben, es werde schon irgendwie weitergehen, wie es eben immer schon

irgendwie weitergegangen ist. Er konfrontiert sie mit den unübersehbaren Tatsachen: „Täuscht euch nicht selbst mit dem Gedanken: Die Chaldäer ziehen endgültig von uns ab. Nein, sie ziehen nicht ab. Selbst wenn ihr das ganze Heer der Chaldäer, die gegen euch kämpfen, schlagen könntet und nur einige Verwundete von ihnen übrigblieben, sie würden, jeder in seinem Zelt, aufstehen und diese Stadt in Brand stecken." (Jer 37,9f) Überleben, so macht Jeremia unmissverständlich klar, werden nur diejenigen, die den Tatsachen ins Auge sehen.

Die zweite Haltung ist die der prophetischen Konkurrenz, die sich angesichts des drohenden Untergangs in Beschwichtigungsfloskeln übt. Sie stellt mit schönen Worten ungedeckte Schecks auf zukünftiges Heil aus und passt damit den Mächtigen besser ins Konzept als ein Querulant im Namen Gottes. Scheinbar aussichtslos ist da die Chance auf Gehör. „Da sagte ich: Ach, Herr und Gott, die Propheten sagen doch zu ihnen: Ihr werdet das Schwert nicht sehen, der Hunger wird nicht über euch kommen, sondern beständiges Heil gewähre ich euch an diesem Ort. Aber der Herr erwiderte mir: Lüge ist, was die Propheten in meinem Namen verkünden. Ich habe sie weder gesandt noch beauftragt, ich habe nicht zu ihnen gesprochen. Erlogene Visionen, leere Wahrsagerei und selbst erdachten Betrug verkünden sie euch." (Jer 14,13f) Verkündigung ist ein hartes Brot.

Die dritte Haltung, gegen die Jeremia predigt, ist die einer religiösen Selbstsicherheit, die nicht mehr mit Gott rechnet, sondern ihn längst für die eigene Sache einkalkuliert hat. Er wendet sich gegen diejenigen, die Gott schon immer auf der eigenen Seite wissen und sich seiner zu bedienen verstehen. Diese Arroganz, die Gott auf seine Bundestreue festzunageln versucht wie auf einen Knebelvertrag, aus dem er nicht mehr herauskommt, prangert der Prophet an. Er muss selbst erfahren, dass Gott sich solchen Versuchen entzieht. Im Ringen mit der aussichtslosen Lage, mitten in einer todbringenden Dürre fragt er Gott an: „Du, Israels Hoffnung, sein Retter zur Zeit der Not, warum bist du wie ein Fremder im Land und wie ein Wanderer, der nur über Nacht einkehrt? Warum bist du wie ein ratloser Mann, wie ein Krieger, der nicht zu siegen vermag?" (Jer 14,8f) Hier kommt eine entscheidende Erkenntnis zur Sprache: Gott ist selbst wie ein Fremder geworden, einer, den man nicht (be)greifen kann, der sich den eigenen Gedanken entzieht.

In diesem Sinn ist Jeremias Rede Unglücksprophetie für diejenigen, die dachten, auf der sicheren Seite zu sein. Ihnen hält er vor Augen, dass sich nicht nur die politischen und gesellschaftlichen Verhältnisse radikal verändern, sondern auch die Erfahrung, die das Volk mit Gott macht. Damit ändert sich auch die Art und Weise, von ihm zu sprechen.

3. Die fremden Menschen – eine homiletische Zeitansage

Gut zweieinhalbtausend Jahre und mindestens genauso viele Kilometer liegen zwischen der Epoche und dem Ort Jeremias in Israel und der Gegenwart der Kirche in Westeuropa. Trotz aller Differenzen zeigt sich, dass die Reaktionsmuster derer, die religiös das Sagen haben – und das sind auch Predigerinnen und Prediger – damals wie heute ähnlich sind. Die einen nutzen die Diagnose dramatischer Umbrüche im Kirchenmitgliederverhalten zur Aufrechterhaltung der eigenen kulturpessimistischen Weltsicht. Dazu muss die aktuell wahrgenommene Praxis lediglich mit dem angenommenen Ideal volkskirchlicher Frömmigkeit einer vergangenen Epoche verglichen werden. Die Verkündigung, die aus diesem Muster entspringt, ist jedoch weniger mahnende Prophetie als ekklesiale Nostalgie. Andere retten sich in die Beschwichtigung. Es werde schon nicht so schlimm kommen – und berufen sich dabei auf Gott. Beide Reaktionsmuster tragen zwar zu höherer Selbstzufriedenheit bei, sie sind letztlich jedoch zu einfach. Denn sie blenden die Herausforderung aus, den „Bruch zwischen Evangelium und Kultur" zu überbrücken, von dem bereits Paul VI. in seiner Enzyklika „Evangelii nuntiandi" sprach (EN

20). Wobei er hinzufügte, dass dieser Bruch das „Drama unserer Zeitepoche [sei], wie es auch das anderer Epochen gewesen ist." Es ist also nicht an der Zeit, den Untergang des christlichen Abendlandes zu beklagen, sondern einen Brückenschlag zu wagen.

Beim Überbrücken dieses Bruches helfen die Haltungen, die Jeremia anmahnt. Zunächst einmal die Anerkenntnis der Veränderungen und ihrer Unumkehrbarkeit. Es ist, wie es ist – und es wird nicht weitergehen wie bisher, wenn wir so weitermachen wie bisher. Damit kommen auch die „Kasualienfrommen" in ein anderes Licht. Sie sind nicht einfach die defizitären Christen, die nicht einmal mehr das Vater unser auswendig können und an Weihnachten den eigenen Platz in der Kirche besetzen, sondern Menschen, die in der hochindividualisierten deutschen Gesellschaft freiwillig zu ihrer (!) Kirche kommen – und von ihr etwas für ihr Leben erwarten. Ihre Bedürfnisse sind daher ernst zu nehmen.

Zum Zweiten hilft die Ehrlichkeit, sich als Predigerin oder Prediger einzugestehen, dass ich auch selbst vielleicht gar nicht so weit weg von diesen „Kasualienfrommen" bin – und dass ich diesen Gott, der mir selbst „wie ein Fremder im Land, wie ein Wanderer, der nur über Nacht einkehrt" erscheint, nicht verteidigen oder gar am Ambo ersetzen muss. Vielleicht sähe meine Kirchlichkeit, wenn ich nicht bei der Kirche arbeiten würde, gar nicht so viel anders aus. Vielleicht habe ich noch mehr Fragen an diesen Gott als ich in seinem Namen beantworten kann. Aus dieser Haltung erwächst eine andere Art und Weise, von ihm zu sprechen.

Die sogenannten „treuen Kirchenfernen", deren Name angesichts der Tatsache, dass er die überwiegende Mehrheit der Kirchenmitglieder bezeichnet, durchaus verzerrend wirkt, sind eine buchstäbliche Herausforderung an Predigerinnen und Prediger: Sie fordern heraus aus scheinbar selbstverständlichen Sprachspielen und Ritualen. Sie zeigen, dass sich die Rolle der Religion im Verhältnis zum eigenen Leben verändert hat. Während sie früher die Struktur des individuellen wie gesellschaftlichen Lebens von der Wiege bis zur Bahre ordnete, wird ihr heute die Funktion einer reflexiven Kraft für die eigene Person und das eigene Leben zugeschrieben. Religion und Religiosität werden Motiv und Mittel biografischer Selbstthematisierung *(vgl. Könemann 2002)*. Hier kann die Predigt anknüpfen. Eine Predigt, die heute die Brücke schlägt zwischen der Kultur des Evangeliums und der Biografie der Menschen, ist in diesem Sinne „casual". Das englische Wort hat mehrere Bedeutungen, von denen drei gut beschreiben, was eine gute Predigt – nicht nur für „Kirchenferne" – auszeichnet: Sie ist gelegentlich, zwanglos und locker.

a) Eine gute Predigt ist buchstäblich gelegentlich, aber nicht wahllos.
Das heißt: Sie weiß um die hohe Bedeutung der jeweiligen Gelegenheit für das individuelle religiöse Leben der Hörerinnen und Hörer. Bei Taufen, Trauungen und Bestattungen zeigt sich Menschen aus unterschiedlichen Lebenswelten, ob die Kirche auch wirklich *ihre* Kirche ist. Das beginnt beim ersten Anruf im Pfarrbüro und setzt sich im Vorbereitungsgespräch mit dem Seelsorger fort. Es zeigt sich in der musikalischen und liturgischen Gestaltung der Feier, und insbesondere in der Predigt. Hier zeigt sich, ob der Prediger zwei Dokumente zu lesen und zu übersetzen versteht: die Schrift und die „living human documents", die Geschichte der Menschen selbst.

b) Eine gute Predigt ist zwanglos, aber nicht beliebig.
Wer von Gott spricht, bewegt sich auf dünnem Eis. Es kann leicht sein, dass man den Mund zu voll nimmt – wie jene Propheten, deren Auftritte Jeremia beklagt. Die Geschichte der Predigt ist voll von vermeintlichen Sicherheiten und daraus abgeleiteten Zwängen. Wer heute freiwillig in die Kirche kommt, sucht das nicht mehr. Gewünscht ist aber auch keine beliebige Rede über den netten Herrn Gott, der ohnehin am Ende alles wieder gut macht. Gerade diejenigen, die selten in die Kirche kommen, erwarten sich – im Übrigen über die Grenzen der Milieus hinweg – von der Predigt etwas Konkretes und

Hilfreiches für ihr Leben. Damit machen sie es dem Prediger oder der Predigerin nicht leicht. Sie werden sich nicht herausreden können, jeder müsse nun selbst schauen, was das für ihn bedeute. Die Aufgabe wird es sein, Auskunft darüber geben zu können, was die frohe Botschaft, die verkündet wurde, im Leben bedeutet. Das wird hoffentlich nicht die alte Dame sein, der man über die Straße hilft oder die bunte Wiese, an der man sich erfreut. Es ist eine andere Haltung, ein neuer Blick, eine neue Sensibilität, die es zu wecken gilt.

c) Eine gute Predigt ist locker, aber nicht hemdsärmelig.
Die Predigt ist meist das einzige „Freestyle-Element" im Gottesdienst. In ihr wird es persönlich – für die Hörer wie für die Prediger. Bei aller Feierlichkeit wünschen sich nicht nur die „Kasualienfrommen" keine Steifheit. Es macht einen Unterschied, ob sich jemand am Ambo festhält oder frei vor der Gemeinde steht. Von Rolf Zerfaß wird berichtet, er habe am Beginn seiner Predigtkurse seinen vollen Geldbeutel auf den Tisch gelegt mit den Worten: Der Inhalt ist für denjenigen, der an der freien Rede scheitert. Er hat ihn nicht leeren müssen. Nicht zu unterschätzen ist auch die Bedeutung des Humors, in dem sich manche Wahrheit einfacher sagen lässt. Eine lockere Predigt ist jedoch noch lange nicht hemdsärmelig. Für die Predigerinnen und Prediger hieße das, eine „Sendung mit der Maus-Diktion" einzuüben, wenn es im Familiengottesdienst theologisch wird, also die Fähigkeit komplexe Ideen einfach darzustellen.

Die Frage nach der Verkündigung für die „Kasualienfrommen", für diejenigen, die bei besonderen Gelegenheiten in der Kirche andocken, ist keine Frage, die sich Gemeinden in pastoraler Großmut leisten können oder auch nicht. Es ist die Frage, ob die Kirche dem größten Teil der eigenen Mitglieder noch etwas zu sagen hat – und umgekehrt. Es bedarf nicht einfach neuer Methoden, mit denen alte Muster wieder aufgepeppt werden können. Wer „den Bruch zwischen Evangelium und Kultur" überbrücken will, wird in einer anderen Haltung predigen. Es ist eine Haltung gegenüber den sogenannten Fremden, die auch den neuen Bund kennzeichnet, von dem Jeremia spricht: „Keiner wird mehr den andern belehren, man wird nicht zueinander sagen: Erkennt den Herrn!, sondern sie alle, Klein und Groß, werden mich erkennen." (Jer 31,34)

II. Drei homiletische Übersetzungen

Jedes Übersetzen setzt zwei Orte voraus. Diese sind voneinander geschieden. Die Übersetzerin hat also eine Brücke über den garstigen Graben zu bauen oder sie hat eine Fähre über den breiten Fluss zu steuern. Das ist prekär. Sie kann abstürzen oder untergehen, sie kann wichtige Fracht verlieren. Immer aber kommt sie anders an, als sie wegging. Wie Abram, als der noch so hieß: „Geh in das Land, das ich dich sehn lassen werde" (Gen 12,1 nach *Buber/Rosenzweig*).
Auch ein Gottesdienst setzt zwischen zwei Orten über. Ein Gottesdienst spielt zwischen Himmel und Erde, zwischen Leben und Tod (lat. translatio). Ein Gottesdienst bespielt den Raum zwischen Bühne (Ambo, Altar) und Zuschauerraum (Bänke, Stühle) und die Zeit zwischen Vergangenheit (alte Texte) und Gegenwart (heutige Lektüre). Dem Prediger und Liturgen kommt dabei faktisch unweigerlich die Rollenzuweisung des Brückenbauers, des Fährmanns, des Vermittlers zu. Selbst wenn der Gottesdienst normativ die Versammlung des Volkes Gottes repräsentiert, immer übersetzt jemand für andere. Dieses Moment der Leitung liegt in der gottesdienstlichen Struktur, aber es schließt nicht aus, dass dem Prediger und Liturgen übersetzt wird: Er ist nicht der einzige Fährmann – aber im Moment der Predigt, jenem Monolog auf der Kanzel, der in der Form, nicht in der Struktur dialogisch aufgebrochen werden kann, wird von ihm erwartet, Fährmann und Brückenbauer zu sein. Obgleich die gesamte Inszenierung eine Rolle spielt, werfe ich im folgenden den Blick allein auf das Predigtgeschehen und zwar in Sondersituationen.

II. Drei homiletische Übersetzungen

Wer in „Sondersituationen" predigt, hat auf vielen Ebenen eine Übersetzungsarbeit zu leisten. Aber das gilt für die „Normalsituation" nicht minder. Auch am sogenannten „Normalfall" Sonntag gilt es, unterschiedliche Texte in ein Ineinander und Miteinander zu setzen und Fährwege zwischen den Ufern aufzuzeigen und zu inszenieren. Dazu bedarf es der Kompetenz des Webens (lat. texere) und der Fähigkeit des Überschreitens (lat. transitus), kurz: Das Übersetzen ist eine Einübung ins Ersetzen. Das gilt für jede Predigt.

Wenn hier nun die Rede von Sondersituationen oder Kasualien ist, meint dies lediglich eine nochmalige Bewusstmachung dessen, dass es im Predigtgeschehen stets um ein Übersetzen geht (hierzu weiterführend: *Seip 2002, 314-412*). Mögliche Orte solchen Übersetzens benenne und problematisiere ich anhand von Beispielen aus dem Bereich der Sondersituationen. Die ersten beiden Schritte widmen sich der Problematisierung zweier Orte (Lebenstext und Schrifttext) und werden in der klassischen Homiletik umschrieben mit der Doppelrolle des Predigers als Anwalt des Hörers vor dem biblischen Text und zugleich als Anwalt des Textes vor dem Hörer. Die Sondersituation verschiebt die Gewichte dieser Waage in Richtung des Hörers und seines bzw. ihres Kasus: Die Hörerin gibt Thema und Horizont vor. Der dritte Schritt gibt Anregungen für das Predigen.

1. Lesen des Lebenstextes

Zunächst beginnt das Predigtgeschehen keineswegs mit dem Schreiben der Predigt. Nebenbei gefragt: Ist eine Predigt überhaupt ein Schrifttext oder nicht doch eher eine freie oder halbwegs freie Rede? Und da beginnt auch das Predigen, im freien Gespräch, im freien Hin- und Herlaufen (lat. discurrere) durch die Straßen und Häuser: Es beginnt mit dem Lesen der Situation, des Kasus, des Lebenstextes. Die erste Aufgabe für den Prediger also ist: Was sammle ich für die Versammlung? Wie komme ich überhaupt an den Text? Text meint hier nicht nur das Aufgeschriebene und Gedruckte, sondern gleichermaßen die Menschen, denen ich in den Straßen und Häusern begegne. Sonntags finde ich eine relativ homogene Gemeinschaft in der Früh- oder Spätmesse vor und weiß nach einiger Zeit in etwa, wer wo sitzt. In Sondersituationen ist das anders und zum Text solcher Situationen muss ich mich anders hinbegeben. Der Text ist nicht schon da. Vor der Predigt muss ich jenen Menschen begegnen, an die ich die Predigt richte, etwa die Abschlussklasse der Haupt- oder Realschule, die Eltern des Täuflings oder die trauernden Angehörigen einer Verstorbenen. Das Gespräch öffnet mir jenen Raum, in dem ich das Übersetzen weitertreibe. Das Gespräch kann ich heuristisch begreifen als die Ausgangssprache, aus der ich übersetze, und zugleich schon als Moment einer stattfindenden Übersetzung selbst, denn Glauben füge ich ja nicht nachträglich übersetzend hinzu. Die Fragen und Erinnerungen, Wünsche und Erwartungen, Gefühle und Horizonte jener Menschen sind mein erster Text. Das gilt selbst für jene Sondersituationen der Hochfeste, in deren Vorfeld ich nicht jeden besuchen kann. Aber ich könnte etwa vor Weihnachten über einen der Weihnachtsmärkte streifen und versuchen, dessen Text zu entziffern, anstatt ihn mit jener Abwertung stillzustellen, die doch sehr langweilig ist und in etwa sagt, das alles sei doch nur „Kommerz" und geht am „Eigentlichen" vorbei. Zum einen ist der „Kommerz" ja nun *das* weihnachtliche Thema, es geht in der Heiligen Nacht schließlich um einen Tausch zwischen Gott und den Menschen und an Neujahr wird im Stundengebet der Kirche gebetet „O wunderbarer Tausch", lateinisch „commercium", also Kommerz. Zum anderen ist das „Eigentliche" jene Hohlform, in der ich wirklich jeden Gartenzwerg unterstellen kann – auch meinen „Daumenlutschergott" (Meister Eckhart): Was ist das denn, das Eigentliche, und wer sagt, es sei dies und nur dies? Solche Abwertungen, die ich hier bloß als ein Beispiel für die vielen gängigen Abwertungen von Menschen in Sondersituationen herausgreife, sind häretisch und zwar im Wortsinn: Sie schneiden die Welt aus dem Heiligen heraus und halten das Heilige rein, aber das Heilige hat sich in christlicher Lesart inkarniert, Fleisch angezogen, den Ort gewechselt. Zugleich verstoßen solche Abwertungen gegen die Pastoralkonstitution *Gaudium et spes:* GS 11,1 spricht von den *signa praesentiae*, die in der Abwertung eigenmächtig zu *signa absentiae* erklärt werden. Dagegen wehrt sich schon Jer 7,4: „Vertraut nicht auf die trügerischen Worte: Der Tempel des Herrn, der Tempel des Herrn, der Tempel des Herrn ist hier." Ist ein Weihnachtsmarkt nur ein profaner Text oder hat er Fenster zur Transzendenz? Was geschieht dort? Wie geben sich die Menschen? Ein solches Entziffern beginnt mit dem Einfühlen in den emotionalen Haushalt (gr. oikos) jener Menschen, denen ich in Sondersituationen über den Weg laufe und zu predigen habe. Es geht dabei nicht um ein Einverleiben des anderen, des mir fremden Textes, sondern darum, die Stimme der Differenz aufzugreifen und erklingen zu lassen, ihr also einen Ort zu geben in Gottes Haus (gr. oikos).

Das führt gerade nicht zu einem Ausverkauf des Glaubens, wie manche Stimmen glauben machen, sondern zum Geschenk, zur Gnade der Alterität. „Wie ein Fremder im eigenen Land" (Jer 14,8). Aus umgekehrter Perspektive schreibt Habermas: Die Gläubigen sind es, „die ihre religiösen Überzeugungen in eine säkulare Sprache übersetzen müssen, bevor ihre Argumente Aussicht haben, die Zustimmung von Mehrheiten zu finden" *(Habermas 2002, 70).* Was bei Habermas eher eine überraschende Anklage ist, denn er benennt in der gegenwärtigen Konsensfindung eine Ungerechtigkeit den Gläubigen gegenüber, kann durchaus ins Aktive gewendet werden: Haben Christen nicht stets ihre Überzeugungen in eine säkulare Sprache, in eine Außensprache übersetzen müssen? War nicht das griechische Denken die erste große Inkulturationsleistung, sprich Übersetzungsleistung des jungen Christentums? Ist der Glaube nicht stets Alteritätserfahrungen eingegangen? Besteht nicht die größte Andersheit und entschiedenste Stimme der Differenz in jener Erfahrung, die wir „Gott" nennen?

Am Beginn des Predigtgeschehens steht demnach eine kritisch-empathische Arbeit: Wie übersetze ich die säkulare Sprache, die Menschen in Sondersituationen üblicherweise benutzen, in eine religiöse Sprache? Wie übersetze ich die religiöse Sprache in die säkulare Sprache jener Menschen? Kritisch ist ein solches Tun, wenn es um den Gewaltakt des Übersetzens weiß und den Gegensatz religiös/säkular destabilisiert, also ein säkularreligiöses Gewebe zu lesen vermag. Empathisch ist es, wenn es sich vom religiös vorgewussten Ort aufmacht. „Geh in das Land, das ich dich sehn lassen werde."

2. Lesen der Heiligen Texte vor dem Hintergrund der Lebenstexte

Ein weiterer Schritt beim Verfassen einer Predigt in Sondersituationen ist die Wahl geeigneter biblischer Lesungen. An den Hochfesten sind die biblischen Lesungen zwar schon gesetzt, aber das entlastet mich nicht von der wichtigen Aufgabe, diese auf die Situation hin aufzubrechen. Bei Kasualien hingegen ist der biblische Text nicht vorgegeben: Der Schott gibt mir lediglich Vorschläge, die ich ergänzen kann. Vom Lebenstext ausgehend habe ich einen passenden biblischen Text in einer angemessenen Übersetzung *(Leutzsch 2006)* zu suchen, am besten gemeinsam mit den Menschen, denen ich predige. Dabei werden mir nicht selten profane Texte für die Feier angetragen, Geschichten und Erzählungen, in denen sich eine personale Konzeption von Religiosität Ausdruck zu verschaffen sucht *(Kügler 2002)*. Ein epiphanes Gewebe kann gelingen über Motive und Assoziationen, die im Gespräch anklingen. Vorausgesetzt ist hierbei, dass ich eine Bibelleserin bin und auf verschiedene Verfahren des Lesens zurückgreifen kann *(Seip 2005)*.
Statt die verbreitete Allegorisierung weiter zu bedienen, statt mich also in einem bloßen Nach(einander)erzählen der heiligen und profanen Texte zu ergehen, könnte ich den biblischen Text kontrafaktisch auswählen: ich lasse beide Texte, den biblischen Text und den Lebenstext aufeinander los. Was wird da gezündet? An Weihnachten ist

das der Fall: Ein bukolisches Idyll (Lk 2) wird auf eine friedlose Welt losgelassen. Wiegenlieder unterstreichen das. Was heißt: Uns wurde in nächtlicher Zeit, als Friede war auf der ganzen Erde, der Retter geboren? Dieser heilsame Clash spiegelt sich, freilich auf anderer Ebene, in jenen Überforderungen, denen Menschen zu Weihnachten erliegen. Möglichkeiten zum Verlesen des biblischen Textes mit dem Lebenstext gibt es viele. Im Bild gesagt: Die Lebenstexte sind der Film, der in Sondersituationen abläuft. In diesen ablaufenden Film hinein projiziere ich mit einem zweiten, kleineren Projektor während der Aufführung biblische Texte: Für einen Moment kommt es zu einer Überblendung beider Texte und sie fügt beiden etwas zu. Und um diesen kurzen Moment, eine Emmaussekunde, geht es in der Kasualpredigt: das Aufscheinenlassen der Gotteserzählung in der Familienerzählung.

Ich könnte auch der Fremdheit nachgehen, die sich in mir als Prediger breitmacht in manchen Sondersituationen. Dadurch, dass ich das Fremde nicht überspiele, sondern zum (religiösen) Thema mache, kann eine „Anverwandlung des Fremden" (Susan Sontag) erfolgen, die das eigene Religiöse als Fremdes erst erscheinen lässt. Der Zugriff des Routiniers auf das Religiöse zeigt dieses gerade nicht, sondern bleibt im Geraune des Eigenen: Er führt nichts zusammen (lat. religare, zurückbinden, anbinden) und liest auch nicht weiter (lat. relegere, immer wieder lesen, wiederholt bedenken, sammeln). Meine Predigtvorbereitung zu Sondersituationen kann ich also als ein Exerzitium in Alterität nutzen im Sinne eines „Gott-suchens und -findens in allen Dingen" wie ein Fremder im eigenen Land.

3. Im Raum der vielen Texte

Im Folgenden gebe ich teils lose, teils assoziative, teils auch ironische Anregungen dafür, wie Sie übersetzend tätig werden könnten. Nicht alles ist für jede und jeden. Es geht auch nicht darum, dass das Folgende nun die Lösung wäre. Trotz der gewählten Appellform ist es mir wichtiger, dass die Anregungen etwas in Ihnen freisetzen, dass Sie eine kreative Ader, den Fluss in sich entdecken. Oft bin ich ja als Prediger und Predigerin im gewohnten Trott und habe meine Wörterbücher längst festgeschrieben.

a) Eine erste Übung wäre folgende: Legen Sie sich ein Vokabelheft an. In die linke Spalte schreiben Sie alle wichtigen Begriffe des Christentums, etwa Erlösung, Sünde, Sakrament, Dreifaltigkeit, Inkarnation usw. In die rechte Spalte tragen Sie nach und nach Erfahrungen ein: Das können Erfahrungen sein, die Sie selbst gemacht haben, oder auch geborgte Erfahrungen, die Sie überzeugt haben, Worte der Literatur oder Ähnliches. Nach einiger Zeit haben Sie ein schönes Gerüst zu den christlichen Hauptworten, ohne dass diese Hohlformen bilden: Sie haben alte Begriffe kreativ gefüllt und wieder an die Erfahrung, von denen sie ja ausgingen, rückgebunden. Manchmal hilft auch ein theologisches Lexikon auf die Sprünge, z. B. das von Herbert Vorgrimler *(Vorgrimler 2000).*

b) Bei Kasualien, also den einzeln im Glauben zu deutenden Sonderfällen, kann es für die Betroffenen eine Hilfe sein, wenn Sie ihnen Ihre Predigtgedanken in schriftlicher Form mitgeben. Geben Sie den Text aus der Hand. Sie geben etwas von sich, in der Regel sind die Menschen dankbar. So können sie die Feier der Geburt, der Trauung oder des Abschieds später noch einmal aufrufen. Die großen Änderungen brauchen schließlich Zeit und Ihre Predigt, die jene Schwellen thematisiert, nützt auch nach Überschreiten derselben.

c) In Sondersituationen ist es so, dass Sie es mit Sonderfällen zu tun haben. Das heißt auch, dass Sie je neu eine Deutung suchen müssen, nicht alleine, sondern aus dem Gespräch mit den jeweiligen Menschen heraus. Dabei dürfen Sie die Situation auch nicht überfordern: Sie können und müssen nicht alles lösen. Gerade bei Bestattungen kommen oft Fragen der Schuld auf und damit kann ein langjähriges Familiendrama verbunden sein. Was Sie leisten können in der kurzen Zeit der Predigt, ist nicht die Lösung, aber ein therapeutisches Angebot, das nicht lügt und verklärt, das nicht wegdrückt und verdrängt.

d) In Gottesdiensten wird selten der Name eines Menschen genannt. In Sondersituationen ist dies geradezu geboten. Gerade bei den Kasualien muss der Name in der Predigt genannt werden. Das ist mehr als nur eine Wertschätzung, es ist Anrede – auch des Verstorbenen. Wenn zu einem Totengedenken eingeladen wird, etwa an Allerseelen für die Angehörigen, die im vergangenen Jahr einen Menschen verloren haben, dann könnte statt der Predigt das Nennen der Namen in einer angemessenen Form geschehen. Man könnte nach jedem Namen eine kurze Pause machen und eine Kerze anzünden. Auch könnte nach einigen Namen eine Liedstrophe, die ja Gebet der Gemeinde ist, gesungen werden. Auch so etwas ist eine Predigt. Die Leute nehmen etwas mit, auch wenn ich nichts sage. Ich traue dem Ritus eine Kraft solange zu, solange ich ihn nicht bepredige. Eine weitere Möglichkeit, den Namen zu nennen, wäre ein ausgelegtes Buch, etwa für die Täuflinge oder die Verstorbenen. Leben und Tod bringe ich so zusammen in den Namen derer, die da waren.

e) Eine Übung im Lesen von Lebenstexten: Setzen Sie sich an einem belebten Platz auf eine Bank und schauen Sie eine Stunde dem Treiben zu. Tun Sie nichts weiter. Schauen Sie nur hin. Nichts weiter. Das ist eine Vorstufe der Kontemplation.

f) Betrachten Sie die Schwelle Ihrer Haustür und Ihrer Kirche. Für Sie ist es ein Einfaches, sie zu überschreiten. Das machen Sie jeden Tag. Aber fragen Sie sich einmal, welche Schwellen Ihnen Schwierigkeiten bereitet haben. Und gleich danach stellen Sie sich Menschen in Sondersituationen vor: Nicht wenigen ergeht es an Ihrer Haustür und Ihrer Kirche ähnlich: Herzklopfen, Unsicherheit, Fragen. Nicht umsonst heißen die Kasualien Schwellenriten. Diese Riten lösen nicht die Frage „Wie wird es werden?", aber sie bewirken, dass wir mit der Frage leben können.

g) Gehen Sie an kulturelle Orte. Kaufen Sie sich ein Abonnement für das Theater oder die Oper oder gehen Sie regelmäßig ins Kino. Nur wer am gesellschaftlichen Leben teilnimmt, kann dazu etwas sagen. Die Gemeinde trübt den Blick. Oder suchen Sie sich etwas Populärkulturelles: Gehen Sie zu Fußballspielen eines Vereins in der Nähe oder zu Stadtteilfeiern. Vielleicht engagieren Sie sich bei Greenpeace, Amnesty International oder bei einer Stadtteilinitiative? Andere tun das auch neben ihrer Arbeit. Wichtig ist, Ihren Blick nicht von der Sonntagsgemeinde arretieren zu lassen. Sonst taugen Sie weder für Sondersituationen noch für die Mission. Schauen Sie, dass Sie ein Drittel Ihrer Zeit für Predigt und Gemeinde aufwenden, ein Drittel für Kultur und Theologie und ein Drittel für sich. Die Menschen merken das.

III. Drei literarische Sehhilfen

Literatur kann vieles sein: vergnüglich, unterhaltend, spracherweiternd. Sie bringt uns in Beziehung zu fremden Lebensläufen, führt uns in andere Welten, befeuert unsere Fantasie, macht unsere Sprache reicher, lenkt ab und regt an. Sie konfrontiert uns aber auch, hält uns einen Spiegel vor. Letzteres soll in diesem Kapitel geschehen: Literarische Beispiele werden ausgewählt, die Situationen zeigen, in denen gepredigt und Lebensdeutung vorgenommen wird.

1. Dieter Wellershoff: Blick auf einen fernen Berg

Dieter Wellershoff, 1925 in Neuss geboren, veröffentlichte viele Romane, Essays, Filmdrehbücher und Hörspiele. In dem Buch „Blick auf einen fernen Berg" hat er das Leben und Sterben seines jüngeren Bruders beschrieben. Es ist die Geschichte eines lebenslangen Kampfes um Erfolg und einer engen brüderlichen Beziehung voller Rivalität. In dem hier ausgewählten Text geht es um den Moment des Abschieds. H., die Lebensgefährtin des Verstorbenen lässt den Sarg noch einmal öffnen, um ihrem Mann ein persönliches Andenken mitzugeben:

Der Sarg stand etwas erhöht auf dem schwarz verkleideten Anhänger des Elektrokarrens, mit dem er nach der Trauerfeier zum Grab gefahren werden sollte. Er war umgeben von Kränzen und Buketts, die uns daran hinderten, ganz heranzutreten. Der Friedhofsdiener räumte auf unserer Seite einige Kränze weg, und bevor er den Sargdeckel aufklappte, sagte er leise zu H., der Kopf des Toten sei beim Transport zur Seite gefallen. Ich weiß nicht, ob er das aus Zartgefühl tat oder weil er es als Kunstfehler empfand, dass man das nicht korrigiert hatte. Ich verstand seine Bedenken erst später, als ich den Toten sah.

Es ist ein beklemmender Augenblick, wenn der Deckel einer so großen düsteren Holzkiste, wie es ein Sarg ist, aufgeklappt wird und darin, gebettet in ein seidiges Innenfutter, ein Mensch liegt, den man gut kennt. Das ist er, denkt man. Er liegt da, preisgegeben unseren Blicken, und obwohl wir darauf vorbereitet sind, ist der ungewohnte Anblick eine Erschütterung.

Das ist die erste Welle des Erschreckens. Die zweite kommt wie eine sich nähernde Flut oder durchdringende Kälte, die an einem hochsteigt: Man beginnt, anders als man es längst wusste, zu begreifen, dass dieser Mensch tot ist. Seine völlige Reglosigkeit und die phänomenale Stille seiner ganzen Erscheinung drücken den Tod aus. Kein Atemzug, kein Wimpernschlag, keines der Lebenszeichen, die man an sich selbst spürt, während man ihn betrachtet. Jenseits des unsichtbaren Grabens, der uns von dem Toten trennt, herrscht der andere Zustand, das Geheimnis vollkommener Abwesenheit. Der Tote ist eine Puppe aus verweslichem Material, liegen gebliebener, unbrauchbarer Leib, noch zusammengehalten durch Haut und Knochen. Wäre er nackt, könnte man schon die Fäulnisstraßen der Venen unter der Haut sehen.

Man hat die übliche feierliche Maskerade an ihm vorgenommen. Er ist in seinen schwarzen Anzug gekleidet, als wäre er sein eigener Trauergast. Sein weißes Hemd ist ihm am Hals zu weit geworden, und der dicke, bäuerische Knoten der schwarzen Krawatte, gebunden und hochgeschoben von einer fremden Hand, spreizt die Kragenenden auseinander. So angezogen müsste er eigentlich sitzen oder stehen, doch er liegt, zugedeckt bis zur halben Brusthöhe, in dem weißen, glänzenden Innenfutter des Sarges, wie ein teures Präsent in einem luxuriösen Futteral.
„Wie fremd", flüstert H. neben mir, „wie fremd."
Ich ahne, dass sie gegen einen Bann ankämpft. Sie hat diesen Menschen geliebt, hat ihn umarmt, ist von ihm umarmt worden. Nun sträubt sich etwas in ihr, dem kalten Leichnam näher zu treten. Diese Kälte könnte eindringen in ihre Erinnerungen.
Dann lässt sie doch meinen Arm los und tritt an den Sarg heran, um dem Toten ein Amulett mit ihrem Bild auf die Brust zu legen. Die scheue, zärtliche Geste steht in einem überwältigenden Gegensatz zu seiner Reglosigkeit. Sein unbewegliches Gesicht drückt nichts aus und hat nichts mehr preiszugeben. Es ist glatte, leere Oberfläche, wie aus gelblicher Seife gegossen. Hat ihn vielleicht jemand mit dieser widerlichen Farbe geschminkt? Nein, das ist die schwere Gelbsucht, die die vielen chemischen Gifte erzeugt haben, die man in ihn hineingepumpt hat. Das Kühlfach des Leichenkellers hat das Bild dieser Krankheit fixiert. Es wird sich bald auflösen, von innen her. Kein Halten wird es mehr geben in der Verwesung, die bald beginnt. Das seifige Gelb, das ihn ohne Schwankungen überzieht, ist die letzte Täuschung. Auf dem Jochbein zeigt sich schon ein kleiner dunkler Fleck, der Fingerabdruck des Todes.

Wie der Friedhofsdiener es angekündigt hat, ist der Kopf des Toten zur Seite gefallen. Es sieht aus, als habe er einem Angriff ausweichen wollen. Schon ohnmächtig, unter dem Zugriff einer fremden Gewalt, hat er den Kopf abgewandt und im Kissen Schutz gesucht. Ich habe diese Bewegung schon einmal gesehen, als er bei meinem ersten Kran-

kenbesuch seine Verzweiflung vor mir verbergen wollte. Verleitet durch seine Fragen, hatte ich ihm von einer öffentlichen Ehrung erzählt, die ich zwei Tage vorher erhalten hatte. Durch sein Interesse hatte er mich und sich selbst getäuscht. Doch plötzlich hatte ihn das ganze Gewicht seines Unglücks getroffen und schluchzend und nach Luft ringend hatte er sein Gesicht in das Kissen gewühlt. Der Transport des Sarges hatte diesen fürchterlichen Moment noch einmal für mich hergestellt.
Ich sehe das alles wie durch ein aufgerissenes Loch. Er scheint in der Tiefe dieses Loches zu versinken, weggesaugt aus meinem Blick. Gerade seine Reglosigkeit lässt meine Aufmerksamkeit schwanken. Ich will ihn festhalten, aber er entgleitet mir. Obwohl ich meinen Blick fest auf ihn richte, nehme ich ihn mit immer wieder schwindender Schärfe wahr. Es scheint sich etwas über ihm zusammenzuziehen und seine Sichtbarkeit zu vermindern, als schließe sich eine Wunde, bilde sich über ihm eine Haut. Ich müsste einige Stunden oder eine Nacht mit ihm allein sein, hin und her gehen, ab und zu in sein Gesicht schauen. Vielleicht könnte ich für Augenblicke hinübergelangen über die sich vertiefende Grenze oder ihn zu mir herüberziehen. Ich möchte mir etwas aneignen von ihm, aber ich weiß nicht, was. Er hat nichts, was er mir geben kann, und ich spüre nur Leere im Kopf.
Aus dem Hintergrund tritt mahnend der Friedhofsdiener heran und sucht H.s Blick. Sie nickt ihm zu, und er schließt vor unseren Augen den Sarg. Eine gute Schreinerarbeit mit Nut und Feder, die ineinandergreifen. Die Trauerfeier kann pünktlich beginnen.
Ich stehe neben H. in der Reihe der Hinterbliebenen. Die Trauergäste haben sich an der Stirnseite der Halle aufgestellt. Der Pfarrer, ein Schulkollege von H., hält eine kurze Rede. Er greift die beiden Zeilen aus meinem Gedicht auf und gibt ihnen eine Bedeutung, an die ich nicht gedacht habe. Dies ist eine katholische Beerdigung, weil H. den befreundeten Kollegen für die Trauerfeier gewinnen wollte. Meinem Bruder wäre es wohl egal gewesen. Harmoniummusik ertönt, Bibelsätze werden vorgelesen, die Menge murmelt das Vaterunser. Dann

treten die Friedhofsdiener heran und ordnen mit kundigen Handgriffen alles für den Transport zum Grab.
(Aus: Dieter Wellershoff, Blick auf einen fernen Berg, © 1991, 2006 by Verlag Kiepenheuer & Witsch GmbH & Co. KG, Köln, 34-38.)

Dieser Text macht deutlich: Während die Predigt des Pfarrers – es ist ein Schulkollege von H. – persönlich zu sein versucht und selbst zwei Zeilen aus einem Gedicht von Dieter Wellershoff aufgreift, bleibt davon nichts in Erinnerung, außer dass der Prediger das Gedicht mit einem Sinn versehen hat, wie er vom Literaten nicht gemeint war. Daran kann man ablesen: Obwohl persönlich gemeint, bleibt von den Worten nichts haften. Viel stärker dagegen ist die Erinnerung an die Öffnung des Sarges: Die Geste, dem Toten das eigene Bild mitzugeben, ist kraftvoll und ausdrucksstark. Das soll freilich nicht bedeuten: Es ist gleichgültig, was wir predigen, es bleibt ohnehin nichts haften. Viel wichtiger ist, die Gesamtdramaturgie „Kasualhandlung" in den Blick zu nehmen. Welche Bedeutung haben meine Sätze? Sind sie in Fühlungnahme mit der Situation?

Die Beerdigungspredigt ist verbum memorativum, demonstrativum und prognosticum: Sie versucht nicht einfach das Leben des Verstorbenen zu „rekonstruieren", sondern noch einmal symbolisch aufleuchten zu lassen. Sie bringt zum Ausdruck, dass dieser erinnerte Mensch gestorben ist und sie versucht, dafür Worte zu finden, dass ihm in Gott eine Zukunft verheißen ist. Diese drei Dimensionen klingen trivial; sie aus der Trivialität und Routine in eine überzeugende Form zu bringen ist die Schwerstarbeit der Beerdigungspredigt *(Garhammer 2002).*

2. Jan Lurvink: Windladen

Jan Lurvink, geboren 1965, wuchs im schweizerischen Aargau auf. Er studierte Orgel, Klavier und Komposition am Konservatorium in Basel, schrieb Musik für Kurzfilme und ein Theaterstück, gab Konzerte und spielte als Keyboarder in diversen, gänzlich unbekannt gebliebenen Rockbands. Er wohnt in Basel und ist dort als Organist tätig. Windladen, so heißen die Luftbehälter in der Orgel, die den Wind unter den Pfeifen halten, um ihn mal in diese, mal in jene freizugeben.

Der „Ich-Erzähler" spielt nicht nur auf der Orgel, der „Königin der Instrumente" in der Aussegnungshalle des Friedhofs, sein Blick schweift von der Orgelbank auf der Empore immer wieder auf die Menschen und die Seelsorger. Vor allem ihre Predigten und ihr Auftreten finden sein Interesse:

Ein Todmüder schleicht heran, streift sich sein Gewand über, packt Weihwasserschüssel und Kollektentopf und schleppt sich in die Kapelle vor die Trauergemeinde, sagt: „Der Herr sei mit Euch", und die Gemeinde sollte es ihm zurückwünschen: „Und mit deinem Geiste." Aber die sechs Leute wissen von einer katholischen Messe nicht viel und bleiben still wie ganz Andersgläubige, die erst noch bekehrt werden müssten. So spricht er es eben selbst: „Und mit deinem Geiste", was keinen Sinn macht, da sein eigener Geist gemeint ist. Aber er ist es gewohnt, bei den Wechselgebeten im Schilf zu stehen wie ein Idiot, und fährt fort: „Herr, erbarme Dich des Verstorbenen ...", nun muss er den Namen noch einmal nachlesen. Später, bei den Fürbitten, zwingt er die Trauernden ins Spiel: „Antworten Sie auf jede Bitte mit ,Erlöse uns, o Herr!'" Dann fängt er an: „Von aller Schuld ...", und die Leute nuscheln: „Erlöse uns, o Herr!" wie einer, der im Würgegriff eines andern steckt und laut sagen muss, er sei ein elender Feigling. Sein automatischer Gang um den Sarg herum mit dem viermal wiederholten Schwingen des Weihwasserwedels beschließt die Litanei, die auf nichts pocht und um nichts bittet. Er hebt die Arme und mit dem Rest Kraft noch die Zunge: „Herr, gib ihm die ewige Ruhe", und die Gemeinde müsste ergänzen: „Und das ewige Licht leuchte ihm", aber kein Mucks; da spricht er es wieder selbst. „Lass ihn ruhen in Frieden", und auch das Amen verweigern die sechs. „Amen", stößt er hervor, damit es gesagt ist.

Bald darauf sitzt er wieder in seinem altmodischen, ordentlichen, viel zu großen Pfarrhaus, in seinem Arbeitszimmer mit mehreren Bibelausgaben, theologischen Schriften und Nachschlagewerken, darunter ein Vornamen-Buch für seine Taufansprachen, mit dessen Hilfe er die Eltern überrumpelt: „Sie haben Ihren Sohn ‚Gott ist Richter' genannt, was zum Beispiel der hebräische Name ‚Daniel' bedeutet."
In ein paar großen Ordnern sind alle seine Predigten aus über dreißig Jahren gesammelt. Anfangs blickte er mit Stolz auf diesen Blätterberg, der stetig wuchs und seine ernsthaftesten tiefstmöglichen Gedanken über Gottes Wort zum Gestein hatte. In verwegenen Augenblicken malte er sich ein gedrucktes Buch aus, aufgestellt in Buchhandlungsschaufenstern, „Predigten von ...", und bescheiden würde nur sein Name stehen, kein Bild von ihm, vielleicht ein blauer Himmel mit weißen Wolken drin oder ein Porträt des heiligen Stephanus, jenes, der sich um Kopf und Kragen gepredigt hatte.
Einmal am Tag kommt Schwester Bonifatia vorbei, bringt die Wäsche in Ordnung und kocht ihm ein Essen, zweimal in der Woche fegt die Putzfrau durch die Räume. Abends läuft auch in seiner Stube der Fernseher und klopft den großen Widerspruch: die Welt. Das hält er aus, wie jeder. Auch dass sich alle fünf Minuten zwei küssen, steckt er meistens gut weg. Und sollte ihn die Traurigkeit über sein so vielem entsagendes Dasein einfangen, wälzt er sie geübt der Passion Christi zu, trägt sie dem Jesus am hinteren Kreuzende nach, und von der Last seiner eigenen Passion, vom Weh an den einsamen Stationen seines Kreuznachganges fällt ein wenig ab. In giftige Brühe ist die Welt getaucht, weiß er, sie ist ein Unort. Das Heil ist unmöglich aus diesem Sud zu ziehn, es muss von einer Jungfrau zart herstammen wie unser aller Göttliches aus den unbefleckten Gebärecken unserer Mütter.
Obwohl seine Stube recht gemütlich ist, lassen sich die Menschen seiner Gemeinde nicht so gerne hereinbitten. Räume färben sich am Innewohnenden, in einer Kirche sind es die Gebete der Menschen, die Ehrfurcht abverlangen, in einem Nachtclub, der ähnlich dunkel, bestuhlt und etwas überdreht ausgeschmückt ist, sinds die Hinterge-

danken der Männer und der Mädchen, die wenig Ehrfurcht verbreiten. Aus seinem Pfarrhaus schlägt einem durch die geöffnete Tür dieses Nein zur Welt als kalter Wind entgegen, eine steife Brise vom alten Jüngerfrust, von der apostolischen Verbitterung und Verdattertheit, und ganz wenig, ein laues Lüftchen, von des Meisters Begnadung, so hoch über dem Weltenschwachsinn zu stehen, dass alles ruhig geschehen mochte.

Nur hin und wieder, einen Abend, eine Stunde lang, wird er wie eine Glocke von etwas angeschlagen, und das Ja-Wort tönt aus ihm heraus, das er einmal seinem Vorbild folgend jeder Kreatur im Stillen ungefragt versprochen hat. Dann ist er auf seiner Höhe, ein Geistlicher, und nicht mehr einfach einer, der alles hat: ein Haus, eine Gemeinde, eine Kirche, ein Auto, einen schönen Batzen jeden Monat, bloß keine Frau.

(Aus: Jan Lurvink, Windladen, © 1989 DuMont Buchverlag, Köln, 145-148.)

Der Text zeigt eine Gemeinde, die nicht antwortet. Er zeigt aber auch einen Seelsorger, der nicht mehr lebt: Ein Todmüder schleicht heran, streift sich sein Gewand über. Wie die Gemeinde die liturgischen Antworten nicht kennt, so kennt der Liturge die Namen der Menschen und der Verstorbenen nicht. Vielleicht bedingt sich beides.

Für die Kasualpredigt können wir hier ablesen: Kasualpredigt steht immer in einem Beziehungsgeflecht. Wie gestalte ich diese Beziehung? Bin ich nur ein Abwickler des Ritus oder versuche ich im Ritus das gelebte Leben zum Ausdruck zu bringen?
Der Text zeigt ferner: Das Buch der Vornamen mit den Bedeutungserklärungen ist für den Prediger die Fundgrube für seine spätere Taufpredigt. Er erklärt die Etymologie des Namens, das also ist seine „Masche". Damit überrumpelt er die Eltern bei den Taufansprachen. Im kleinen Wort „überrumpeln" steckt ein ganzer homiletischer Ansatz. Die Frage stellt sich: Ist meine Predigt ein Überrumpelungsmanöver mit geistreichen Einfällen, mit klugen Bemerkungen? Oder ist

sie ein Hineingehen in die Situation, in die Gefühle der Menschen? Der Prediger hat einen großen Traum. Er möchte einmal alle seine Predigten veröffentlicht sehen. Dieser Traum vom Predigtbuch spricht Bände. Es soll einen Einband haben mit einem Himmelsmotiv, also weit über den Menschen und über ihren Bedürfnissen. Die Assoziation an Stephanus ist ebenso sprechend: Dieser hat sich um Kopf und Kragen gepredigt. Das ist allerdings nur der Traum des Predigers. Seine Predigten sind längst harmlos geworden.

Ferner macht der Text deutlich: Der Predigt ist immer ein Ton eingeschrieben. Dieser Ton hat mit der eigenen Lebensweise zu tun. Ist es der Weltanklage-Ton, ist es der Verzichts-Ton, ist es der Entertainment-Ton, ist es ein Beleidigtsein-Ton oder ein Beliebigkeits- und Gleichgültigkeits-Ton? Welchen Tonfall hat meine Predigt?
Kommt meine Predigt aus einem Kommunikations-Kontext oder aus einer Eremiten-Existenz? „Aus seinem Pfarrhaus schlägt einem durch die geöffnete Tür dieses ‚Nein' zur Welt als kalter Wind entgegen, eine steife Brise von altem Jüngerfrust, von der apostolischen Verbitterung und Verdattertheit, ganz wenig ein laues Lüftchen von des Meisters Begnadung." Wo bin ich begnadet von „unserem Meister", von Jesus, von seinen Gleichnissen, von seiner Lebensnähe, von seiner Sprache, die zu neuem Leben anstiftet?

3. Hans Magnus Enzensberger: „Unbemerktes Mirakel"

Vom See Genezareth
hat er vermutlich nie gehört,
der Siebzigjährige dort an der Ampel.
Die Mutter ging nicht in die Kirche.
Wie geringfügig seine Chancen sind,
heil über die Kreuzung zu kommen,

mit dem Spitz an der Leine! Wunderbar,
dass er überhaupt aufgetaucht ist
aus dem Neolithikum, dass er
die Sturzgeburt überlebt hat,
damals bei Leschnitz im Chelm,
heute Lesnica, Polen, in einer Scheune,
umstellt von Heckenschützen, dann
das splitternde Eis auf dem Weiher,
mit sieben, beim Schlittschuhlauf,
später jahrelang Stempeln.
Trommelfeuer bei Kursk, Schlaganfall
auf Mallorca, und dennoch tausendmal
die tödliche Fahrbahn überquert
beim Milchholen – unwahrscheinlich,
sagen wir zehn hoch minus neunzehn,
dass er davongekommen ist
bis auf den heutigen Tag,
stolpernd, doch trockenen Fußes
auf seiner langen, langen Wanderung
über den See Genezareth, von der er
so wenig weiß wie sein Hündchen.

(Aus: Hans Magnus Enzensberger, Kiosk. Neue Gedichte, © Suhrkamp Verlag, Frankfurt a. M. 1995, 108f.)

Das Leben vieler Menschen kommt ohne Beziehung zum biblischen Text aus. Könnte es nicht Aufgabe der Kasualpredigt sein, das Leben der Menschen mit einem biblischen Faden zu versehen, sodass Lebens- und Textfaden ein ganz neues Gewebe ergeben? Damit würden auch die biblischen Texte wieder vital, lebensnah, konkret, aktuell und neu glaubwürdig.

Vor allem aber würde deutlich: Das Leben der Menschen ist voller Wunder. Die biblischen Geschichten sind eine Sehhilfe dafür.

Dann bräuchten wir die Wundergeschichten nicht mehr naturwissenschaftlich depotenzieren, sondern könnten ihnen die Potenz geben, die sie in sich tragen: Sie sind auch heute noch möglich.

Ein Beispiel für eine naturwissenschaftliche Erklärung des Gehens Jesu über den See Gennesaret lieferte im April 2006 der Meereswissenschaftler Doron Nof: Er hat eine Erklärung dafür angeboten, warum Jesus über den See Gennesaret wandeln konnte, ohne im Wasser zu versinken. Auch wenn es vielleicht nur der Propagandatrick eines Wissenschaftlers war, der seine klimahistorischen Untersuchungen populär machen wollte: Der Meereswissenschaftler schloss aus den in dieser Region periodisch einfallenden Temperaturstürzen und der Wasserkonsistenz des Sees auf die Möglichkeit, dass sich auch zur Lebenszeit Jesu ein begehbares Eis in diesem See gebildet haben könnte. *(Frühwald 2007)*

Wer die Metapher des über den See Gehens wirklich ernst nimmt, weiß, dass es diese Erfahrung im Leben der Menschen gibt. Dieses Gedicht lädt zu einer neuen Sicht von Kasualpredigt ein. Kasualpredigt ist das Verknüpfen von biblischen Texten mit den Lebensgeschichten von Menschen, die oft von diesen Texten nichts wissen. Und biblische Texte werden dadurch angereichert mit den Lebensgeschichten der Menschen.

Literatur:

Die Schrift. Verdeutscht von Martin Buber gemeinsam mit Franz Rosenzweig, Gerlingen 1976.

Hans Magnus Enzensberger, Kiosk. Neue Gedichte, Frankfurt a. M. 1995.

Johannes Först / Joachim Kügler (Hg.), Die unbekannte Mehrheit. Mit Taufe, Trauung und Bestattung durchs Leben? Eine empirische Untersuchung zur „Kasualienfrömmigkeit" von KatholikInnen – Bericht und interdisziplinäre Auswertung, Münster 2006.

III. Drei literarische Sehhilfen

Wolfgang Frühwald, Die Frage nach dem Menschen. Zur Stellung der Theologie in der modernen Universität, in: Helmut Hoping (Hg.), Universität ohne Gott? Theologie im Haus der Wissenschaften, Freiburg i. B. 2007, 92-110.

Erich Garhammer, Kasualpredigt neu bedacht. Zehn Thesen und ein Beispiel, in: Erich Garhammer u.a. (Hg.), Zwischen Schwellenangst und Schwellenzauber. Kasualpredigt als Schwellenkunde, München 2002, 247-252.

Jürgen Habermas, Glaube und Wissen, in: Dialog 1 (2002) Nr. 1, 63-74.

Stefan Huber, Aufbau und strukturierende Prinzipien des Religionsmonitors, in: Bertelsmann Stiftung (Hg.), Religionsmonitor 2008, Gütersloh 2007, 19-29.

Judith Könemann: „Ich wünschte, ich wäre gläubig, glaub' ich" – Zugänge zu Religion und Religiosität in der Lebensführung der späten Moderne, Opladen 2002.

Joachim Kügler, Moses, Jesus und der kleine Prinz? Die Bibel als Heilige Schrift des Gottesvolkes, in: BiKi 57 (2002) 188-192.

Martin Leutzsch, Traditionell, konsensfähig oder gerecht? Die Bibel übersetzen, Manuskript 2006, im Internet unter http://www.bibel-in-gerechter-sprache.de/downloads/Leutzsch_Traditionell.pdf (30.07.2009).

Jan Lurvink, Windladen, Köln 1998.

Medien-Dienstleistung GmbH (Hg.), Milieuhandbuch „Religiöse und kirchliche Orientierungen in den Sinus Milieus® 2005". Ein Projekt der Medien-Dienstleistung GmbH in Kooperation mit der Katholischen Sozialethischen Arbeitsstelle e.V., München 2006, besonders 203-232.

Armin Nassehi, Erstaunliche religiöse Kompetenz. Qualitative Ergebnisse des Religionsmonitors, in: Bertelsmann Stiftung (Hg.), Religionsmonitor 2008, Gütersloh 2007, 113-133.

Papst Paul VI., Apostolisches Schreiben „Evangelii nuntiandi" an den Episkopat, den Klerus und alle Gläubigen der Katholischen Kirche über die Evangelisierung in der Welt von heute. 8. Dezember 1975, in: Sekretariat der Deutschen Bischofskonferenz (Hg.), Texte zu Katechese und Religionsunterricht, 2. Februar 1998, 5-65 (= Arbeitshilfen 66).

Jörg Seip, Einander die Wahrheit hinüberreichen. Kriteriologische Verhältnisbestimmung von Literatur und Verkündigung (SThPS 48), Würzburg 2002.

Jörg Seip, Homiletische Begriffskunde. Intertextualität. Diskursanalyse. Dekonstruktion, in: PThI 25 (2005-2), 149-165.

Herbert Vorgrimler, Neues Theologisches Wörterbuch, Freiburg/Basel/Wien ²2000.

Dieter Wellershoff, Blick auf einen fernen Berg, Köln 1991.

Wolfgang Raible

B Praktische Beispiele

KIRCHENJAHR

Weihnachtszeit

Zu Risiken und Nebenwirkungen ... (Christmette)

„Zu Risiken und Nebenwirkungen lesen Sie die Packungsbeilage und fragen Sie Ihren Arzt oder Apotheker!" – Diesen Satz müssen wir jedes Mal hören, wenn für ein Arzneimittel geworben wird.
Da das Weihnachtsfest für die meisten von uns auch eine Art Medikament, ein Heil-Mittel ist, müssen wir diesen Satz auch heute Nacht hören: „Zu Risiken und Nebenwirkungen lesen Sie die Packungsbeilage und fragen Sie Ihren Arzt oder Apotheker!"

Weihnachten – eine Medizin für unser Herz, ein Herzmittel mit vier besonderen Wirkstoffen. Weihnachten hat – so könnten wir sagen – die Kraft der vier G's: Gedächtnis, Geschenke, Gemeinschaft, Glaube.
Es tut gut, sich die schönen Weihnachtsfeste der Vergangenheit wieder ins *Gedächtnis* zu rufen, sich zu erinnern an die eigene Kindheit und an die lieben Menschen, die mit uns gefeiert haben.
Es tut gut, zu schenken und sich beschenken zu lassen. Wir freuen uns, wenn andere an uns denken und uns mit einem fantasievollen Geschenk überraschen; und wir sind glücklich, wenn unsere Geschenke gut ankommen. *Geschenke* lassen uns ahnen, dass unser ganzes Leben letztlich Geschenk ist; dass wir vieles von dem, was uns wichtig ist und prägt, anderen verdanken; dass wir auf die Zuwendung anderer angewiesen sind.

Es tut auch gut, an diesen Tagen *Gemeinschaft* zu erleben; in der Familie mit Menschen zusammen zu sein, die wir gernhaben; hier in der Kirche etwas näher zusammenzurücken und im Kerzenschein miteinander die frohen Weihnachtslieder zu singen.
Und es tut schließlich gut, in dieser Nacht zu hören, dass unser *Glaube* nicht ins Leere geht; dass unsere Hoffnung auf Rettung nicht enttäuscht wird; dass einer kommt, der uns aus unseren Dunkelheiten herausholt, der uns eine Perspektive anbietet – ein Ziel, für das es sich zu leben lohnt.

Wir alle wollen die Kraft der vier G's spüren – sonst wären wir nicht hier und würden dieses Fest nicht so intensiv feiern. Wir alle erwarten etwas von diesem Herzmittel Weihnachten. Aber gerade deshalb dürfen wir den einen Satz nicht überhören: „Zu Risiken und Nebenwirkungen lesen Sie die Packungsbeilage und fragen Sie Ihren Arzt oder Apotheker!"

Die Packungsbeilage zu Weihnachten ist das Neue Testament – und wer sich diese Packungsbeilage genauer anschaut, wird feststellen: Wenn ich den Geburtstag Jesu feiere, lasse ich mich auf ein Risiko ein, nehme ich einige Nebenwirkungen in Kauf.
Die Evangelien erzählen uns die ganze Lebensgeschichte dieses Geburtstagskindes. Sie beschreiben, was aus diesem ‚holden Knaben im lockigen Haar' geworden ist. Sie schildern uns auch einen unbequemen, provozierenden Jesus, dessen Lebensweg kein Spaziergang, sondern ein Kreuzweg war.
Die Apostelgeschichte lässt uns miterleben, wie es denen ergangen ist, die in seinem Sinn gelebt haben, die seine Botschaft weitergetragen haben – gegen welche Widerstände sie zu kämpfen hatten, wie mühsam ihr Weg manchmal war.
Die Briefe des Paulus machen uns deutlich, dass wir durch die Taufe in die Lebensgeschichte Jesu hineingezogen sind; dass Jesus keine Zuschauer und Bewunderer, sondern Nachfolger wollte; dass sich

unser eigenes Leben verändert und neue Maßstäbe bekommt, wenn wir uns an ihm orientieren.

In der gesamten Packungsbeilage, im ganzen Neuen Testament spricht Jesus jede und jeden von uns persönlich an: „Es liegt auch an dir, dass meine Sache weitergeht, dass meine Liebe heute Hand und Fuß bekommt, dass meine heilenden Berührungen heute zu spüren sind, dass meine aufbauenden und tröstenden Worte heute zu hören sind, dass meine Gesten und Zeichen des Friedens und der Versöhnung heute zu sehen sind."

Der Arzt oder Apotheker, den wir zu den Risiken und Nebenwirkungen von Weihnachten auch befragen können, ist Jesus selbst. Ihm verdanken wir ja dieses Heilmittel, diese Medizin. Er wird uns sagen, welche Konsequenzen es hat, wenn wir ihn verehren und seinen Geburtstag feiern.

Denen, die nur an den eigenen Vorteil denken, wird er sagen: „Wer bei euch groß sein will, der soll euer Diener sein." Der soll – je nach Begabung – versuchen, zuzuhören oder andere zu begeistern; einzelne in ihrer Trauer zu begleiten oder Gemeinschaft zu stiften.

Der soll anderen zum Leben helfen.

Denen, die schnell mit ihren Urteilen sind, wird der Arzt Jesus sagen: „Richtet nicht, dann werdet auch ihr nicht gerichtet werden." Hört auf mit dem Vergleichen, respektiert die anderen mit ihren Qualitäten und mit ihren Grenzen, werdet tolerant.

Denen, die sich überall durchschlängeln, wird er sagen: „Euer ja sei ein ja, euer nein ein nein; alles andere stammt vom Bösen." Versucht geradlinig und ehrlich zu leben, damit man sich auf euer Wort verlassen kann.

Denen, die die Augen verschließen und ihre Aufgabe nicht erkennen, wird er sagen: „Seid wachsam!" Lebt nicht am Leben vorbei; entdeckt, was eure Berufung ist, was ihr heute in meinem Sinn tun könnt.

Drei Weihnachtswünsche möchte ich Ihnen heute mit auf den Weg geben:
Zum einen: Das Heilmittel Weihnachten soll ihnen gut tun. Es soll Sie etwas spüren lassen von Friede, Harmonie und Liebe; davon, dass wir als erlöste Menschen leben dürfen, dass unser Leben gelingen kann.
Zum anderen: Lesen Sie, so oft Sie können, in der Packungsbeilage, im Neuen Testament. Geben Sie ihr einen festen Platz auf dem Nachttisch und lassen Sie sich hineinziehen in die Lebensgeschichte des Mannes, dessen Geburtstag wir jetzt feiern.
Und schließlich: Bleiben Sie in Kontakt mit Jesus, ihrem Arzt und Apotheker, und lassen Sie sich von ihm erklären, wie riskant, aber auch wie sinnvoll und spannend ein Weg in seiner Nachfolge sein kann. Warten Sie auf seine Antworten – im Gebet, in unseren Gottesdiensten, in guten Gesprächen über unseren Glauben.

Weihnachtliche Gefahrenmeldung (Christmette)

Das, liebe Hörerinnen und Hörer, waren die Nachrichten vom 24.Dezember. Redaktion: Ein gewisser Lukas.
Soeben erreicht uns noch folgende Gefahrenmeldung: Achtung Christmettenbesucher! Die Familie, von der eben berichtet wurde, ist wieder unterwegs und sucht Unterschlupf. Wir raten Ihnen dringend: Halten Sie Fenster und Türen geschlossen! Lassen Sie niemanden herein! Beachten Sie das Klopfen nicht! Warten Sie einfach ab!
Wir melden es, wenn die Gefahr voraussichtlich in einigen Tagen vorüber ist.
Wir wünschen Ihnen ein frohes und gesegnetes Weihnachtsfest!

Bevor wir jetzt im Programm fortfahren, möchten wir Ihnen noch einige wichtige Hinweise geben, damit Sie die Lage besser einschätzen können:

Aus gut unterrichteten Kreisen verlautet, dass nicht etwa von den Eltern, sondern von dem Kind die größte Gefahr ausgeht. Wenn es einmal in Ihr Lebenshaus eingedrungen ist, dann könnte es dort wachsen und sich ausbreiten in Ihren Gedankengängen und in Ihren Herzkammern. Sie werden dieses Kind nicht wieder erkennen, wenn es bei Ihnen groß geworden ist. Es wird vermutlich entrümpeln und ausmisten und damit beginnen, Ihre Lebensräume gründlich zu renovieren.

Es wird Sie provozieren und Ihnen unbequeme Fragen stellen, z. B.:
- Bist du eigentlich zufrieden mit deinem Leben? War das schon alles, was du dir erhofft hast, oder hast du deine Träume vorschnell aufgegeben? Entwickelst du deine Talente und Begabungen weiter, oder lässt du sie verkümmern? Hast du dein *Lebensziel* schon entdeckt, und hast du gefunden, was dir auch dann noch Halt und Kraft gibt, wenn andere dich fallen lassen, wenn Besitz, Einfluss, Leistung und Wissen dir plötzlich keine Sicherheit mehr geben?
- Gibt es in dir noch die *Sehnsucht* nach einer besseren, nach einer gerechteren Welt, oder hast du resigniert und dich mit dem Status quo abgefunden? Glaubst du nicht, dass ich dir helfen könnte, wenigstens ein kleines Stück dieser Welt zum Guten zu verändern?
- Was machst du mit der *Liebe*, die ich dir schenke? Spürst du sie und versuchst du, sie an andere weiterzugeben? Möchtest du mich nicht dabei unterstützen, eine neue Menschlichkeit in das Leben der Völker, in das Leben der Kirchen und Gemeinden, in das Leben vieler einzelner zu bringen – ein neues Klima der Offenheit und Herzlichkeit, in dem man nicht nur überleben, sondern richtig leben kann, in dem man atmen und aufatmen kann?

Dieses Kind wird Sie, wenn Sie es groß werden lassen, aufrütteln und in Bewegung bringen. Es wird Sie weglocken von manchen eingefahrenen Gewohnheiten und Ihnen sagen:
- Vertrau mir und lass dich von mir in eine große *Freiheit* führen. Wage es, als befreiter und erlöster Mensch zu leben. Lass die anderen an deiner Gelöstheit und an deiner Gelassenheit erkennen,

dass du dich innerlich befreit hast von dem, was ‚man' tut, was ‚man' sollte und was ‚man' müsste. Geh deinen eigenen Weg mutig und geradlinig.
- Höre dir meine Worte an und lass dir von mir eine frohe und froh machende Botschaft mit auf deinen Weg geben. Wenn du wirklich daran glaubst, dass Gott vorbehaltlos ‚Ja' sagt zu deinem Leben, dass du für ihn wertvoll und wichtig bist – egal, wie andere dich bewerten und einschätzen – , dann kann dir das eine tiefe Freude schenken. Und du wirst mit dieser *Freude* auch andere anstecken.
- Schau dir mein Leben an, meine *Solidarität* mit den Armen und Schwachen, und nimm dir ein Beispiel daran. Verliere die Leidenden und Belasteten nicht aus den Augen. Frage immer wieder: Wer könnte mich und meine Zuwendung jetzt brauchen? Begegne deinen Mitmenschen mit einem Vertrauensvorschuss und such in ihnen immer zuerst das Gute.

Wir hoffen, liebe Hörerinnen und Hörer, dass wir Ihnen mit diesen Hintergrundinformationen den Ernst der Situation deutlich machen konnten.
Wir wiederholen noch einmal unsere Gefahrenmeldung: Achtung Christmettenbesucher! Die Familie, von der vorher in den Nachrichten die Rede war, ist wieder unterwegs und sucht Unterschlupf. Wir raten Ihnen dringend: Halten Sie Fenster und Türen geschlossen! Lassen Sie niemanden herein! Beachten Sie das Klopfen nicht! Warten Sie einfach ab!
Wir melden es, wenn die Gefahr voraussichtlich in einigen Tagen vorüber ist.

Wenn Sie also an Weihnachten keine Überraschungen erleben wollen, dann heißt es jetzt:
- Poren abdichten! – sonst könnte Ihnen Jesus mit seinen unbequemen Fragen unter die Haut gehen.

- Herzklappen schließen! – sonst könnte er Ihnen mit seinen aufrüttelnden Worten zu Herzen gehen.

Wenn Sie es aber riskieren, ihm Unterschlupf zu gewähren, dann könnten Sie Ihr himmelblaues Wunder erleben:
- ein kleines Stück Himmel, eine Spur Reich Gottes mitten in Ihrem Alltag;
- das Wunder eines spannenden und erfüllten Lebens, das sich nicht abfindet mit dem, was ist, sondern hofft und an einer neuen Welt mitbaut; das geprägt ist von innerer Freiheit, Freude und Solidarität.

Welches Schild findet Jesus an Ihrer Tür, wenn er heute oder an einem der nächsten Tage bei Ihnen anklopft: „Bitte nicht stören!" oder „Komm, o mein Heiland Jesus Christ, meins Herzens Tür dir offen ist"?

Unser Gott sucht eine Wohnung (Weihnachten am Tag)

Was halten sie von einem Mietgesuch, in dem steht: „Suche Wohnung mit möglichst vielen Räumen. Der Ehrlichkeit halber möchte ich Sie aber gleich warnen: Ich bin kein einfacher Mieter, und Sie werden mit mir Ihre Wunder erleben."

Man kann sich kaum vorstellen, dass jemand auf die Idee kommt, so eine Annonce aufzugeben. Wer so nach einer Wohnung sucht, braucht sich nicht zu wundern, wenn keiner ihn aufnimmt. Ich gebe zu, ich kenne auch nur einen, der auf diese Idee gekommen ist. Die Unterschrift unter seiner Annonce lautet schlicht und einfach: „Gott"; und dieses Mietgesuch finden Sie, wenn Sie genau hinschauen, auf jeder Seite der Bibel – zwischen den Zeilen. Überall blitzt die Bitte Gottes durch: Lasst mich bei euch wohnen, stellt mir eure Lebens-Räume, eure Zeit-Räume zur Verfügung. Ein bequemer Mieter bin ich zwar nicht, und ich werde euch oft provozieren – zum Umdenken, zum Umkehren, zum Umbau eures Lebenshauses, zum Aufgeben allzu wohliger Kuschelecken. Aber ihr werdet euch wundern, was aus eurem Leben werden kann, wenn ihr mir darin einen Platz einräumt.

Ich kenne auch nur einen Einzigen, der diesen Mieter mit allen Konsequenzen bei sich aufgenommen hat. Heute feiern wir seinen Geburtstag. Jesus hat den wohnungssuchenden Gott in alle seine Lebens-Räume hereingelassen:
- Er hat ihn wohnen lassen in seiner Sprache und in den Worten, die er anderen geschenkt hat - und viele haben die göttliche Kraft in seinen Reden, Bildern und Gleichnissen gespürt.
- Er hat ihn hereingelassen in seine Streitgespräche mit Pharisäern und Schriftgelehrten - und sie wurden mit einem unbequemen und fordernden Gott konfrontiert.
- Er hat ihm einen Platz freigehalten bei seinen Mahlzeiten mit Sündern und Zöllnern - und viele haben einen verzeihenden Gott erlebt.
- Er hat ihn hineingenommen in seinen Umgang mit den Kranken - und alle haben die heilsame Nähe Gottes erfahren.

Man kann sagen: In Jesus hat Gott seinen ersten Wohnsitz gefunden. In ihm ist das Wort Fleisch geworden und hat unter uns gewohnt. Aber damit Gott in unserer Welt weiterwirken kann, braucht er viele Zweitwohnungen. Je mehr ihn bei sich einziehen lassen, desto menschenfreundlicher kann unser Leben und Zusammenleben werden. Solange noch viele nach dem Motto leben: „Lobet den Herrn, aber haltet ihn fern" - solange kann er bei uns nicht heimisch werden.

Deshalb habe ich heute drei Weihnachtswünsche an Sie:
Zum einen: Stellen Sie ihm Ihre *Herz-Kammern* zur Verfügung - lassen Sie ihn nicht im Dachstübchen verkümmern. Mit anderen Worten: Bleiben Sie nicht stehen bei der Erkenntnis: Es muss schon irgend ein höheres Wesen geben, sondern versuchen Sie, dem Glau-

ben an den lebendigen Gott in Ihrem Innersten ein Hausrecht zu geben. Lassen Sie Sich die Zusage Gottes, dass wir als erlöste und befreite Menschen leben dürfen, unter die Haut und zu Herzen gehen. Und nehmen Sie Sich zu Herzen, dass er gerade auch Sie braucht, um Frieden und Gerechtigkeit zum Durchbruch zu verhelfen. Stellen Sie ihm Ihre Herzkammern zur Verfügung.

Zum anderen: Stellen Sie ihm Ihre *Dunkel-Kammern* zur Verfügung - lassen Sie ihn dort das Bild vom gelingenden Leben entwickeln. Mit anderen Worten: Glauben Sie nicht, dass er mit den dunklen Seiten Ihres Lebens nichts zu tun haben will, dass er sich zurückzieht, wenn Sie krank, enttäuscht oder einsam sind. Gerade in den Dunkel-Kammern Ihres Lebens kann er für Sie die besten Bilder entwickeln - Bilder, wie mein Leben trotz Begrenzungen und Einschränkungen lebenswert bleibt; Bilder, wie durchlittene Angst und Not mich reifer und menschlicher machen können; Bilder, wie ich selbst - durch die Erfahrung der Dunkelheit sensibler geworden - anderen in ihren dunklen Zeiten beistehen kann. Stellen Sie ihm ihre Dunkel-Kammern zur Verfügung.

Und schließlich: Stellen Sie ihm Ihre *Rumpel-Kammern* zur Verfügung - lassen Sie ihn aufräumen mit dem Ballast, der sich bei Ihnen angesammelt hat. Mit anderen Worten: Lassen Sie ihn entrümpeln und hinauswerfen, was Sie unnötigerweise mit Sich herumschleppen: Vorurteile, Entschuldigungen, Ausflüchte, verdrängte Schuld, alte Verletzungen. Stellen Sie ihm ihre Rumpel-Kammern zur Verfügung.

Der Gott, an den wir glauben, ist auf Wohnungssuche - wie viele Menschen in unserer Welt. Wenn wir heute das Geburtstagsfest des Menschen feiern, der ihm alle seine Lebens-Räume geöffnet hat, dann gehört zu unserem Feiern zum einen das Versprechen, ihm auch in unserem Leben einen festen Platz zu geben, ihn auch bei uns einziehen zu lassen,
- auch wenn er ein unbequemer Mieter ist;
- auch wenn er uns einiges zumutet.

Wenn wir heute das Geburtstagsfest des Menschen feiern, der Gott alle seine Lebens-Räume geöffnet hat, dann gehört zu unserem Feiern zum anderen auch das Versprechen, suchenden Menschen Wohnraum anzubieten - wo wir können, im wörtlichen Sinn; zumindest aber einen Platz in unserem Herzen.

Und ich bin überzeugt: Dann werden wir auch unsere Wunder erleben: die Wunder eines offenen und gastfreundlichen Lebens - Bereicherung und Freude.

Mein Marmorblock (Neujahr)

„Am Anfang eines jeden Lebens erhält der Mensch einen Marmorblock sowie die Werkzeuge, die nötig sind, eine Skulptur aus dem Block herauszumeißeln. Wir können ihn unbehauen hinter uns herschleppen, ihn in tausend Stücke schlagen oder ein Meisterwerk daraus machen."
Ein eindrucksvolles Bild für unsere Lebensaufgabe – formuliert vom amerikanischen Schriftsteller Richard Bach, der auch das Kultbuch „Die Möwe Jonathan" geschrieben hat.
Jede und jeder von uns hat die Möglichkeit, einfach in den Tag hineinzuleben und ohne Ziele, ohne klare Vorstellungen und Entscheidungen seine Zeit zu vergeuden.
- Jede und jeder von uns kann das eigene Leben zerstören und es durch Willenlosigkeit oder Verantwortungslosigkeit in zusammenhanglose Episoden zerfallen lassen.
- Jede und jeder von uns hat aber auch die Chance, zu gestalten, dem Leben ein Gesicht zu geben, es in Form zu bringen und ein einmaliges, originelles Meisterwerk daraus zu bilden.
- Jetzt liegt wieder ein neues Jahr vor uns – viel Zeit, um am Marmorblock unseres Lebens weiterzuarbeiten, um unserem Leben ein klareres Profil, deutlichere Konturen zu geben, um immer mehr zu den Menschen zu werden, die wir sein können.

Haben Sie schon Ideen, was Sie in den kommenden Tagen, Wochen und Monaten aus Ihrem Lebensblock herausmeißeln wollen – was Sie weiterentwickeln möchten, was Sie in den Vordergrund stellen wollen, oder was in den Hintergrund treten soll?
Wenn nicht, dann biete ich Ihnen heute die Skizze an, nach der ich vorgehen möchte. Diese Skizze hat den Vorteil, dass sie sehr eingängig ist, dass ich sie mir leicht merken kann und deshalb schnell parat habe, wenn ich innehalte und überprüfen will, ob ich bei der bewussten Gestaltung meines Lebens einen Schritt vorwärts gekommen bin. Sie besteht nur aus vier Merksätzchen, die Ihnen wahrscheinlich bekannt vorkommen: *„Dankbar rückwärts – mutig vorwärts – gläubig aufwärts – liebevoll seitwärts!"* Formuliert hat dieses Programm Ludwig Esch, Jesuit und Gründer des Bundes Neudeutschland. „Dankbar rückwärts – mutig vorwärts – gläubig aufwärts – liebevoll seitwärts!"

Mit dem *„dankbar rückwärts"* möchte ich an einer Grundhaltung arbeiten, die mir hilft, mein Leben nicht in erster Linie als eigene Leistung zu sehen, sondern als Geschenk, das ich anderen und letztlich Gott ver-danke.
Dankbar möchte ich zurückschauen auf das vergangene Jahr, auf meine Lebensgeschichte, auf schöne Begegnungen und unbeschwerte Stunden, aber auch auf kritische Anfragen, die mich weitergebracht haben. Dankbar kann ich sein für Menschen, die Zeit für mich hatten, die mich begleitet und ermutigt, die mit mir gelacht und ernsthaft diskutiert haben. Dankbar bin ich für die Musik, die mich aufatmen und zur Ruhe kommen lässt.
„Dankbar rückwärts" – damit möchte ich Dostojewski widerlegen, der sagt: „Ich glaube, die beste Definition des Menschen lautet: undankbarer Zweibeiner."

Mit dem *„mutig vorwärts"* will ich eine Einstellung vertiefen, die mir hilft, ohne Angst vor der Zukunft zu leben. Ich möchte mich wehren gegen Duckmäusertum und falsche Anpassung und den Weg gehen, den ich als richtig erkannt habe. Gegenüber Bequemlichkeit und Unbeweglichkeit will ich wachsam sein und dagegen angehen. Neue Möglichkeiten des Christseins und des Kircheseins möchte ich mit anderen zusammen überlegen und immer wieder fragen, wie denn Menschen von heute ein neues Interesse an der Sache Jesu finden könnten.

„Mutig vorwärts" – damit möchte ich beherzigen, was Papst Johannes Paul II. uns ans Herz gelegt hat: „Habt keine Angst davor, ins Unbekannte vorzustoßen."

Mit dem *„gläubig aufwärts"* möchte ich mein Leben noch intensiver mit dem Evangelium in Verbindung bringen, noch bewusster nach meinen Gaben und Begabungen fragen, die ich in den Dienst der Kirche stellen, und mit denen ich anderen den Glauben vorleben kann. Ich will Gottesdienst, Gebet und das Lesen in der Heiligen Schrift noch stärker als Kraftquelle erfahren und mich durch sie inspirieren lassen, im Sinn Jesu zu denken, zu reden und zu handeln.

„Gläubig aufwärts" – damit habe ich ein anspruchsvolles Ziel, das ich durch ein Wort von Romano Guardini ergänzen will: „Der Glaube ist (auch) die Fähigkeit, die eigenen Zweifel zu ertragen."

Mit dem *„liebevoll seitwärts"* schließlich will ich mir vornehmen, mein Zusammenleben mit anderen weiterzuentwickeln; Respekt und Wertschätzung nicht nur denen entgegenzubringen, die mir sympathisch sind. Ausgehend vom Liebesgebot Jesu möchte ich meinen Blick schärfen für die oft versteckten Nöte und Bitten meiner Mitmenschen, und motiviert durch die Frohe Botschaft will ich mich um eine ehrliche Freundlichkeit bemühen.

„Liebevoll seitwärts" – damit möchte ich mich dem dänischen Philosophen Sören Kierkegaard anschließen, der sagt: „Die Welt besteht aus lauter Gelegenheiten zur Liebe."

„Am Anfang eines jeden Lebens erhält der Mensch einen Marmorblock sowie die Werkzeuge, die nötig sind, eine Skulptur aus dem Block herauszumeißeln. Wir können ihn unbehauen hinter uns herschleppen, ihn in tausend Stücke schlagen oder ein Meisterwerk daraus machen."
Mit diesem Bild gehe ich in ein neues Jahr hinein. Es spornt mich an, mein Leben zu gestalten und meine Lebenszeit nicht einfach verrinnen zu lassen. Es gibt mir den Impuls, meinem Leben ein Gesicht zu geben, es originell und phantasievoll zu formen und zu einem einmaligen, unverwechselbaren Leben werden zu lassen.
Ich gehe in ein neues Jahr hinein mit der Überzeugung und mit der Freude, dass ich an einem Meisterwerk arbeiten darf – aber auch mit dem Wissen, dass ich wohl nur einige Konturen ein wenig deutlicher hervorheben kann, und vor allem mit der Hoffnung, dass ein anderer das Werk vollenden wird. Das gibt mir für die Arbeit an meinem Marmorblock ein wenig Ruhe und Gelassenheit.

Die Skizze *„Dankbar rückwärts – mutig vorwärts – gläubig aufwärts – liebevoll seitwärts!"* wird mich begleiten und mir immer wieder zeigen, wo ich meine Werkzeuge ansetzen kann.
Ihnen wünsche ich für das neue Jahr eine interessante und erfolgreiche „Stein-Zeit" ...

Das Zeichen des Weges (Neujahr)

Der übernächste Papst nennt sich Petrus II. und verlegt seinen Amtssitz von Rom nach Lima - jedenfalls in einem Roman von Roland Breitenbach. Den herzlichen Empfang des Papstes in Südamerika schildert der Schweinfurter Pfarrer und Schriftsteller so:

„Der junge Mann, der Petrus begrüßt hatte, hielt einen Stock in die Höhe, an dem verschiedenfarbige und eigenwillig geknotete Schnüre hingen.

‚Ich schenke dir zum Neuanfang das Zeichen des Weges', sagte der junge Mann. Dann nahm er die erste Schnur: ‚Geh in dich!' sagte er dazu, und die Menge griff das Wort auf und rief: ‚Geh in dich!' Zur zweiten Schnur sagte er: ‚Komm heraus!' Und alle wiederholten: ‚Komm heraus!' Dann hielt der junge Mann die dritte Schnur hoch, zeigte sie allen und erklärte: ‚Sieh nach vorne!' – ‚Sieh nach vorne!' Mit der vierten Schnur machte er eine weite Bewegung, als wolle er alle erfassen, und rief: ‚Halt an!' – ‚Halt an!' antworteten die Menschen. Schließlich zeigte er die fünfte Schnur, reichte das ganze Bündel dem Papst und forderte ihn auf: ‚Geh weiter!' – ‚Geh weiter!' jubelten die Versammelten und applaudierten begeistert. Das war der Weg, den sie gemeinsam mit dem Papst gehen wollten." (1)

Fünf farbige Schnüre an einem Stock - ein Zeichen des Weges auch für uns? Ich entdecke in diesem Zeichen nicht nur fünf Anregungen für unser Nachdenken und Feiern an diesen ersten Tagen des neuen Jahres, sondern auch fünf Ratschläge, die ein ganzes Lebensprogramm beinhalten; nicht nur fünf Impulse, wie wir am Wechsel in ein neues Jahr die vergangenen und kommenden Monate in den Blick nehmen können, sondern auch fünf Orientierungshilfen für unseren ganzen Weg durch die Zeit: fünf Vorschläge, die unterschiedliche Farben in unser Leben bringen.

Geh in dich - in dieser Stunde: Werde still und schaue nach, was aus dir geworden ist. Mach dir bewusst, wofür du dankbar sein kannst, welche Erfahrungen dich reifer und reicher gemacht haben. Überlege, ob du mit deinem Leben zufrieden bist, ob es Dinge gibt, die dir Angst machen, die du noch nicht verarbeitet hast.
Geh in dich - nicht nur in diesen Tagen: Bleibe ab und zu mit dir allein. Nimm dir Zeit für die Stille und für das Gebet. Dann spürst du, was dich letztlich trägt, was dir Kraft und Lebensmut gibt. Dann erkennst du den Weg, den Gott dich führen will. Denk an die Warnung Eugen Roth's: „Ein Mensch nimmt guten Glaubens an, / er hab' das

Äußerste getan. / Doch leider Gott's vergisst er nun, / auch noch das Innerste zu tun."

Komm heraus - in dieser Stunde: Bring den Dank, der dich am Jahreswechsel erfüllt, in einem frohen Lied zum Ausdruck. Stell deine Enttäuschungen, deine unerfüllten Hoffnungen, deine Bitten und Klagen im Gebet vor Gott. Nimm in dein Beten und Singen hinein, was dich jetzt beschäftigt und bewegt.
Komm heraus - nicht nur heute: Geh auf andere zu, erzähle ihnen von deinen Erfahrungen, von dem, was dir am Evangelium aufgegangen ist. Denn andere warten auf deine guten Worte, auf deine heilsame Zuwendung. Sie hoffen darauf, dass du deine Talente, deine guten Ideen nicht versteckst. Sie sind dankbar für deine Offenheit und Herzlichkeit. „Christen, die nicht auffallen, müssen sich fragen, ob sie richtige Christen sind" - sagt Bischof Joachim Wanke aus Erfurt.

Sieh nach vorne - in dieser Stunde: Nimm das neue Jahr in den Blick mit seinen vielen Chancen und Möglichkeiten. Überlege dir, welche Aufgaben du angehen möchtest, welche Veränderungen anstehen, was du weiterführen und intensivieren willst.
Sieh nach vorne - nicht nur am Anfang eines neuen Jahres: Klammere dich nicht an die Vergangenheit und trauere nicht den verpassten Gelegenheiten nach. Die Hoffnungsbilder des Propheten Jesaja haben ein ganzes Volk vor der Resignation bewahrt, die Vision Jesu vom Reich Gottes hat viele mitgerissen und ermutigt, neue Wege zu gehen. Wer ein Ziel vor Augen hat, wer sich ausmalt, was aus ihm, aus seiner Welt werden könnte, der möchte diese Zukunft aktiv mitgestalten. „Ohne Visionen verkommen die Menschen" - weiß schon ein Sprichwort aus dem Alten Testament.

Halt an - in dieser Stunde: Gönne dir diese ‚Auszeit' am Beginn des Jahres. Komme zur Ruhe und lass dir in diesem Gottesdienst neue Kraft schenken für die nächste Etappe. Unterbrich ganz bewusst das

aufgeregte Treiben dieser Stunden, ziehe Bilanz und bestimme die Richtung, in die du weitergehen willst.
Halt an - nicht nur zur Jahreswende: Lass dich nicht von Termin zu Termin hetzen. Mach Atempausen zu einem festen Bestandteil deiner Tage und Wochen. Lege eine Rast ein, wie die Jünger, als sie mit der Botschaft Jesu unterwegs waren. Nur wer von Zeit zu Zeit das Tempo drosselt, kann die Schönheit seiner Lebenslandschaft wahrnehmen. „Das Leben gleicht einem Buch" - schreibt der Dichter Jean Paul: „Toren durchblättern es flüchtig, der Weise liest es mit Bedacht, weil er weiß, dass er es nur einmal lesen kann."

Geh weiter - in dieser Stunde: Bleib nicht stehen und gib dich nicht zufrieden mit dem, was bis heute aus deinem Leben, aus deinem Glauben geworden ist. Lass dich durch die Texte und Lieder dieser Feier zu neuen Schritten provozieren, und geh, ermutigt und gestärkt in das neue Jahr hinein.
Geh weiter - nicht nur heute: Lass dich durch Misserfolge nicht entmutigen, und wage - wie die Jünger im Evangelium - einen neuen Aufbruch. Wer immer nur ängstlich fragt: ‚Was könnte passieren, wenn ich dieses oder jenes versuche', lähmt sich selbst und kommt nicht von der Stelle. „Christen haben nicht einen Standpunkt, den sie verteidigen müssen, sondern einen Weg, den sie gehen müssen" - sagt Jürgen Moltmann, der evangelische Theologe.

Petrus II., der übernächste Papst aus unserem Roman, ist überwältigt vom herzlichen Empfang in Lima und kommt erst spät abends in die Klosterzelle, in der er übernachtet. *„Wie eine tiefe Weisheit erfüllten ihn die fünf Worte: Geh in dich - komm heraus - sieh nach vorne - halt an - geh weiter! Sie verbanden sich mit seinem Atem und ließen ihn bald tief und fest einschlafen."* (2)
Das wünsche ich auch uns am Beginn eines neuen Jahres: dass sich die fünf Worte mit unserem Atem verbinden, dass sie uns in Fleisch und Blut übergehen und unseren Lebensrhythmus prägen.

Der Stock mit den fünf Schnüren - vielleicht wird er zum Zeichen für unseren Weg ins kommende Jahr, und hoffentlich wird er zum Zeichen für den Weg unserer Kirche im dritten Jahrtausend.

(1) R. Breitenbach, Eine kleine weiße Feder, Schweinfurt 3 1995, S.133
(2) Ders., aaO, S.133

Osterzeit

Ostern und der Humor (Osternacht)

Vor 300 Jahren lebte in Bayern ein Pfarrer namens Andreas Strobl. Er war bekannt für seine humorvollen Osterpredigten, und seinen Mitbrüdern gab er immer wieder den Rat, sie sollten an Ostern die Zuhörer „mit zu vielen Lehren und Ermahnungen nicht überladen, so wie man den Magen mit vielfältigen Speisen nicht überschütten und beschweren muss."
Viele seiner Kollegen hielten sich an diesen Rat, die Gläubigen hatten ihre Freude an den lustigen Einfällen ihrer Prediger, und das sogenannte Ostergelächter wurde zu einem festen Bestandteil des Gottesdienstes. Zwischen dem ‚Amen' der Predigt und dem Glaubensbekenntnis durfte die Gemeinde eine zeitlang laut und herzlich lachen. „Dem Volk imponierte eine Osterpredigt, die das Osterlachen bezweckte, ... weit mehr als eine nüchterne Auslegung der Hl. Schrift", schreibt ein Geschichtsforscher über diesen alten Brauch.
Leider trieben es manche Pfarrer mit der Zeit zu bunt: Sie imitierten auf der Kanzel Tierschreie und erzählten Witze, die - so schreibt unser Forscher - „zu erzählen ein anständiger Mensch nicht einmal am Biertisch wagen würde." Der Brauch musste verboten werden und verschwand auch bald aus den Kirchen.

Eigentlich schade - denn das Osterlachen hatte in seiner ursprünglichen Form einen tiefen Sinn:
Wenn wir die Frohe Botschaft des heutigen Festes wirklich ernst nehmen, dann haben wir allen Grund zum Lachen.
Wenn wir wirklich glauben, dass der Tod sich damals unsterblich blamiert hat, dass er ein für allemal den kürzeren gezogen hat, dann muss das in unserem Feiern, Beten und Singen zu spüren sein.

Wenn, wie es der amerikanische Theologe Harvey Cox sagt, das Gelächter die letzte Waffe der Hoffnung ist, dann hat es heute in der Kirche seinen Platz, weil die Auferstehung Jesu unsere Hoffnung, unsere Hoffnung auf Leben, auf Freiheit, auf Erlösung ist.
Wenn wir wirklich daran glauben, dass am Ende das Leben steht, dass Leid und Tod immer das Vorletzte bleiben, dann kann die Grundhaltung, die Lebensanschauung der Christen eigentlich nur der Humor sein.

Die bekannteste Beschreibung für Humor heißt ja: „Humor ist, wenn man trotzdem lacht" - und genau dieses ‚trotzdem Lachen' ist unser österliches Lachen. Nur wer an die Treue und Liebe Gottes glaubt, kann trotz der eigenen Unzulänglichkeiten, trotz des Leids noch lachen, trotz der schlimmen Not, die es nach wie vor gibt, trotz der Kriege und trotz des Todes. Denn er kann das alles wie durch ein umgedrehtes Fernglas sehen. Er bekommt einen Abstand, eine innere Distanz zu allen vorläufigen, vorletzten Dingen, weil er im Letzten, in Gott seinen Stand, seinen Halt hat. Das heißt nicht, dass wir nicht mit aller Kraft gegen das Leid angehen müssen, das wir verhindern können - das heißt nur, dass wir im Leid, das wir nicht ändern können, nicht verzweifeln müssen.

Es scheint so, dass mit dem Osterlachen auch der Humor aus der Kirche verschwunden ist. Selbst Papst Benedikt XVI. trauert deshalb diesem alten Brauch nach: „Zur barocken Liturgie" - schreibt er einmal - „gehörte einst der ‚risus paschalis', das österliche Lachen ... Das mag eine etwas oberflächliche und vordergründige Form christlicher Freude sein. Aber ist es nicht eigentlich doch etwas sehr Schönes und Angemessenes, dass Lachen zum liturgischen Symbol geworden war?"

Vielleicht sollten wir doch wieder bei den Barockpredigern mit ihren pfiffigen Ideen in die Schule gehen. Einer von ihnen hat in der Osternacht einmal folgende Geschichte erzählt:

Ein reicher Geizhals überlegte sich Tag und Nacht, wo er wohl seinen Schatz am besten verstecken könne, denn er traute seinen Dienern und Verwandten nicht über den Weg. Da er in seinem Haus eine kleine Kapelle mit einem Hausaltärchen hatte, kam er auf die Idee, ein Modell des Grabes Christi aufzustellen und seinen Schatz dort zu verstecken. Damit es niemand wagte, hineinzuschauen, schrieb er groß auf den Grabaltar: „Hier liegt Christus begraben!" Einer von den Dienern merkte bald, dass sein Herr viel ‚frömmer' wurde und lange Zeit vor dem Altar zubrachte. Als der Geizhals einmal auf Reisen ging, durchsuchte der Diener den Grabaltar und fand den Schatz. Er nahm ihn heraus, löschte die alte Inschrift aus und schrieb groß darauf: „Christus ist nicht hier, er ist auferstanden!"

Dass im feierlichen Rahmen eines Gottesdienstes durchaus Platz für einen Scherz ist, bewies auch ein schwäbischer Pfarrer. Als er am Ostermontag über die Emmaus-Jünger predigte, bemerkte er, dass ein Mann auf der Empore eingeschlafen war. Er rief plötzlich laut in die Kirche: „Es brennt! Es brennt!" Sofort war der Mann hellwach und fragte: „Wo brennt's denn?" „In den Herzen der Jünger", sagte der Pfarrer und konnte mit seiner Predigt fortfahren.

Sich selbst nicht zu ernst nehmen, über sich selbst lachen können - das ist das Kennzeichen des christlichen Humors, der österlichen Freude. Die ganze Kirche, ihre Amtsträger und ihre Aktivitäten, das alles ist noch nicht das Reich Gottes, es gehört auch noch zum Vorletzten, über das man schmunzeln darf.
„Dem Menschen, der die biblische Botschaft hört und beherzigt, ist es ... verboten, ein unfroher Mensch zu sein" - meint Karl Barth, der bedeutende evangelische Theologe. Dass es mit dem Beherzigen aber manchmal hapert, zeigt die folgende Geschichte:

Ein portugiesischer Seifenfabrikant sagte zu einem gläubigen Christen: „Das Christentum hat nichts erreicht. Obwohl es schon bald

2000 Jahre gepredigt wird, ist die Welt nicht besser geworden. Es gibt immer noch Böses und böse Menschen!"
Der andere wies auf ein ungewöhnlich schmutziges Kind, das am Straßenrand im Dreck spielte, und bemerkte: „Seife hat nichts erreicht. Es gibt immer noch Schmutz und schmutzige Menschen in der Welt!"
„Seife", entgegnete der Fabrikant, „nützt natürlich nur, wenn sie angewendet wird."
Darauf wieder der andere: „Christentum auch!"

Ich wünsche Ihnen und mir, dass es uns gelingt, das Bekenntnis „Christus ist auferstanden" im Alltag anzuwenden, dass man unsere Osterfreude spürt, und dass uns die letzte Waffe der Hoffnung, das Lachen, nicht vergeht.

Ostern mit Fred, dem Bestattungsunternehmer (Osternacht)

„Der Tod ist vernichtet!" Der feurige Prediger der Baptistengemeinde der 12. Straße macht sich zum Endspurt bereit und versetzt die Herzen der Gläubigen in österliche Schwingungen. Der Gottesmann fuchtelt mit den Armen durch die Luft, ruft, ja schreit beschwörend: „Der Tod ist tot, Halleluja!"
„Halleluja!" schallt es unter Klatschen hundertfach zurück, „der Tod ist tot! Halleluja!" Applaus, die Sacro-Band intoniert einen Händel-Tusch. Befreiendes Lachen huscht durch die Reihen, alle stehen auf und singen.
Nur einer lächelt ruhig zurückgelehnt in der letzten Bank: Fred, der Bestattungsunternehmer. Er summt leise mit und weiß doch, gestorben wird immer. (1)

Zuerst habe ich geschmunzelt über diese kleine Story aus New York, und ich habe mir diesen Kontrast ausgemalt: auf der einen Seite die singende und swingende Gemeinde - und auf der anderen Seite der coole, in sich hineinlächelnde Fred. Auf der einen Seite der unbekümmerte Osterjubel - auf der anderen Seite der Bestattungsunternehmer, den die jahrelange Berufserfahrung etwas vorsichtig gemacht hat.

Dann ist mir aber sehr schnell klargeworden: New York und unsere Stadt liegen nicht weit auseinander. Auch bei uns sitzt Fred - vielleicht nur mit einem anderen Namen und einem anderen Beruf. Er hört uns - vielleicht nicht ganz so begeistert, aber doch aus voller Kehle - singen: „Das Leben hat besiegt den Tod". Er lehnt sich - vielleicht nur innerlich - zurück und denkt: gestorben wird immer.

Schließlich habe ich mich gefragt: Stört unser Fred die Freude dieser Nacht - oder entlarvt er unsere Osterstimmung als Gefühl, das der Wirklichkeit nicht standhält? Hat er nichts begriffen von der Botschaft der Auferstehung - oder ist er ein heilsamer Störenfried, der unserer Osterfreude auf den Zahn fühlt?

Ich würde gern mit Fred ins Gespräch kommen und ihm drei Dinge sagen.

Zunächst einmal würde ich mich bei ihm bedanken:
Danke, dass du uns davor warnst, heute Nacht abzuheben und den Karfreitag zu verdrängen; dass du uns davon abhältst, Trauer, Leid und Tod zu überspielen und so zu tun, als hätte das alles keine Bedeutung mehr.

Danke, Fred, dass du uns davor bewahrst, allzu vollmundig und wissend von Auferstehung zu reden; dass du uns herausforderst, unseren Osterglauben zu überprüfen,
- ob wir uns durch ihn nicht einfach auf ein besseres Jenseits vertrösten lassen;
- ob wir nicht einfach nur das tun, was der Philosoph Blaise Pascal schon vor über 300 Jahren kritisiert hat: „Weil die Menschen" - so schreibt er – „gegen den Tod kein Heilmittel finden konnten, sind sie, um glücklich zu werden, darauf verfallen, nicht mehr an ihn zu denken."

Praktische Beispiele

Dann würde ich unserem Fred erzählen, was Ostern für mich bedeutet. Ich würde es so versuchen: Dein „gestorben wird immer" bleibt wahr, aber ich glaube nicht, dass das alles ist, was über unser Leben gesagt werden kann. Ich erlebe auch das andere: „auferstanden wird immer".

Wenn ich auf Jesus schaue, dann geht mir auf: Auferstehung war nicht nur ein Ereignis jenseits der Todesgrenze – sein ganzes Leben war ein Auferstehen,
- ein Aufstehen für Gerechtigkeit und Güte,
- ein Aufstand gegen den Tod in allen seinen Formen.

Er hat schon zu Lebzeiten Gräber gesprengt, Menschen aus ihren Gräbern befreit,
- aus dem Grab der Einsamkeit und Enttäuschung,
- aus dem Grab der lähmenden Krankheit,
- aus dem Grab der Missachtung und Ausgrenzung,
- aus dem Grab des Egoismus und des ‚Immer-mehr-haben-wollens'.

Und heute – an Ostern – feiern wir, dass sein Aufstand für das Leben weitergeht, dass der Tod sein befreiendes Reden und Handeln nicht auslöschen konnte.

Wenn ich mich in meiner Lebenswelt umschaue, dann entdecke ich ebenfalls: „auferstanden wird immer":
- immer dort, wo jemand aufsteht gegen Gewalt und Unrecht;
- immer dort, wo jemand sich dagegen wehrt, dass andere in Gräber von Vorurteilen gelegt werden oder mundtot gemacht werden;
- immer dort, wo jemand aufrecht geht und sich nicht verkrümmen und verbiegen lässt;
- immer dort, wo jemand aufwacht und sensibel wird für die Hoffnungen und Nöte der anderen.

Vielleicht könnte Fred ahnen, dass im Sinn Jesu ein Leben möglich ist, in das der Tod zwar eingreift, das er aber letztlich nicht zerstören kann.

Osterzeit

Vielleicht könnte er ahnen, dass unser Leben nicht nach seiner Länge, nach seiner Zeitdauer gemessen wird, sondern an seiner Tiefe, an seiner Liebe.

Und schließlich würde ich Fred noch einen Rat geben: Ostern kann man letztlich nicht verstehen - man muss es ausprobieren. Und ich würde ihm ein Gedicht von Wilhelm Willms ans Herz legen:

„Steh auf
wenn dich etwas umgeworfen hat
steh auf [...]
gerade wenn du meinst
du könntest nicht aufstehen
der Stein vor deinem Grab
wird sich von selbst
fortbewegen
es wird dir ein Stein vom Herzen fallen ...
mach alle ostergeschichten wahr
und frage nicht ob sie wahr sind
probier sie aus
ob sie auf dich passen
sie passen auf dich
sie sind keine totengeschichten
probier sie
dann wirst du sehen
es sind wahrsagegeschichten" (2)

Probier die Ostergeschichten aus, würde ich Fred raten, denn sie sagen dir eine Wahrheit, auf die du dich verlassen kannst. Probier sie aus, und du wirst erleben: einer holt dich aus deinem Grab - deshalb kannst du aufleben und feiern.
Probier sie aus, Fred, dann kann dein Lächeln zu einem frohen Osterlachen werden und dein Mitsummen zu einem kräftigen Halleluja.

Praktische Beispiele

(1) in: G.Schwikart (Hg.), Materialbuch Fastenzeit, Ostern und Pfingsten, Mainz 1996, S.123f)
(2) in: Wilhelm Willms, der geerdete Himmel, © 1974 Verlag Butzon & Bercker, Kevelaer, 7. Aufl. 1986, 10.5 [gekürzt]

Jesus und Dornröschen (Ostersonntag)

„Dornröschen war ein schönes Kind" – das haben viele von uns früher mit Begeisterung gesungen und dabei das Märchen der Gebrüder Grimm nachgespielt. Können Sie sich noch erinnern? Eine böse Fee prophezeit der Königstochter, sie werde sich im Alter von fünfzehn Jahren an einer Spindel stechen und daran sterben. Eine gute Fee kann den Fluch zwar nicht aufheben, aber doch abmildern: Dornröschen soll hundert Jahre lang schlafen. Obwohl der König alle Spindeln in seinem Reich einsammeln und verbrennen lässt, geht die Prophezeiung doch in Erfüllung. Im Turm des Schlosses entdeckt Dornröschen eine alte Frau an einem Spinnrad, und beim Versuch, selbst Flachs zu spinnen, verletzt sie sich und fällt sofort in einen tiefen Schlaf – und mit ihr das ganze Schloss: König und Königin, der ganze Hofstaat, Pferde, Hunde und sogar die Fliegen an der Wand. Rings um das Schloss wächst eine riesige Dornenhecke, so dass vom Schloss bald nichts mehr zu sehen ist. Viele Prinzen kommen und versuchen vergeblich, die Dornenhecke zu durchdringen. Erst nach hundert Jahren gelingt es einem Königssohn, ins Schloss zu gelangen und Dornröschen mit einem Kuss aufzuwecken. In diesem Augenblick wacht auch das ganze Schloss wieder auf, die beiden heiraten, und „wenn sie nicht gestorben sind, dann leben sie noch heute."

Ein etwas seltsamer Anfang für eine Osterpredigt, werden Sie jetzt denken: ein Märchen, wo wir doch heute die entscheidende Wahrheit unseres Glaubens feiern; eine Kindergeschichte, wo es doch um das schwierigste Kapitel unseres Christseins geht. Aber geben Sie mir einfach noch ein wenig Zeit, dann kann ich Ihnen vielleicht zeigen, dass die Gebrüder Grimm in diesem Märchen fast alles zur Sprache bringen, was wir über das menschliche Leben sagen können; dass das, was wir als Kinder so gerne gespielt haben, alles andere ist als ein Kinderspiel. Dornröschen beschreibt die harte Wirklichkeit, die wir täglich erleben, und erzählt von den Hoffnungen und Wünschen, die wir in uns tragen. Dornröschen, die Königstochter, ist das Bild des liebenswerten, aber vom Stachel des Todes verwundeten Menschen. Wir können noch so große Anstrengungen unternehmen – die Todesspindel wird jede und jeden von uns verletzen. Und das Schloss ist in jedem Märchen ein Symbol für die ganze Welt. Nicht nur der Mensch, sondern auch die gesamte Natur und Kreatur – alles in der Welt ist dem Tod verfallen. Der Schlaf, der das ganze Schloss beherrscht, die Hecke, die alles unter sich begräbt; die Spindel und die Dornen, die stechen und verwunden – unterschiedliche Bilder für die eine Erkenntnis: Wir müssen sterben, alles in der Welt ist endlich und vergänglich. Aber nicht erst der Tod am Ende des Lebens – auch die vielen Tode, die wir davor schon sterben, klingen in Dornröschen an: wenn wir in uns selbst gefangen sind und niemand mehr an uns herankommt; wenn Enttäuschungen und Verletzungen, Krankheiten und Depressionen uns lähmen; wenn der Verlust von lieben Menschen uns in Lethargie versinken lässt; wenn wir uns verheddern im Dornengestrüpp von Ängsten und dem Gefühl, nichts mehr wert zu sein.

Der Tod in all seinen Formen hat unsere Welt fest im Griff, niemand kann seinem Bannkreis entkommen, niemand kann sich selbst vom Todesschlaf aufwecken, niemand kann sich selbst aus diesem Gefängnis befreien. Und jetzt hat uns das Märchen mitten in das hineingeführt, was wir heute feiern. Jetzt sind wir angekommen beim Dreh- und Angelpunkt unseres Glaubens: Wir feiern heute, dass wir einen Retter und Befreier haben, der die Dornenhecke des Todes durchdrungen hat und immer wieder durchdringt. Wir glauben, dass der Königssohn wirklich existiert, der die tote Welt wieder zum Leben erweckt. Wir hoffen, dass Jesus Christus, den Gott vom Todesschlaf aufgeweckt hat, auch uns herausholt und rettet aus der Macht des Todes, dass der Tod eben nicht das letzte Wort hat.

Und diese Hoffnung kann eine ungeheure Kraft entfalten – sie kann uns Halt geben in einer schweren Krankheit; sie kann uns vor Verzweiflung bewahren, wenn wir um einen lieben Menschen trauern; sie kann uns Mut machen, wenn wir nicht mehr weiter wissen.

Diese Hoffnung hat Künstler zu großen Werken inspiriert. Ich denke an Händels „Messias", aus dem wir nachher das österliche „Halleluja" hören. In einem anderen Chorsatz können wir den Kontrast zwischen Tod und Leben richtig spüren: Händel vertont zwei Sätze aus dem 1. Korintherbrief: „Wie durch Einen der Tod – so kam durch Einen die Auferstehung von dem Tod. Denn wie durch Adam alles stirbt – also lebt in Christo alles wieder auf." Die beiden ersten Satzteile – „wie durch Einen der Tod" und „denn wie durch Adam alles stirbt" – komponiert Händel a capella, ganz leise, langsam, müde und fast ohne Bewegung in der Melodie. Ich sehe förmlich den Schlosshof aus dem Märchen vor mir, auf dem alles in tiefen Schlaf gesunken ist, auf dem Grabesruhe eingekehrt ist. In den zweiten Satzteilen – „so kam durch Einen die Auferstehung von dem Tod" und „also lebt in Christo alles wieder auf" – setzen die Instrumente ein, kommt Bewegung und Tempo in die Musik, sprühen Chor und Orchester vor Leben. Jetzt – wieder im Bild des Märchens – herrscht auf dem Schlosshof der Welt ein munteres Treiben, Knechte und Mägde laufen aufgeweckt und fröhlich durcheinander.

Auch Maler und Bildhauer haben diese Hoffnung, dass einer uns aus dem Tod holt, genial ausgedrückt: An vielen Kirchenportalen ist Christus dargestellt, der an einer Kette oder einem Seil viele Menschen hinter sich herzieht. Alle strömen sie aus dem Rachen des Todes heraus – und meistens beginnt der lange Zug mit Adam und Eva.

Einer durchdringt die Dornenhecke des Todes, einer weckt uns auf, einer schenkt uns neues Leben. Das feiern wir heute, das besingen wir in unseren frohen Osterliedern – und das versuchen wir, in unserem Leben zu zeigen.

Wie aber kommt dieses neue Leben in die Welt, wie kann man es erfahren? Auch dafür finde ich in Dornröschen einen Hinweis: Mit einem Kuss weckt der Prinz die Königstochter auf – oder wieder in der Sprache unseres Glaubens: Mit der Liebe, die Jesus predigt und vorlebt, befreit er uns aus dem Gefängnis des Todes. Und an der Art, wie wir aufeinander zugehen, an unserer Freundlichkeit und Hilfsbereitschaft kann man ablesen, ob wir tatsächlich aufgeweckte Christen sind – von Christus aufgeweckt aus dem tödlichen Schlaf der Gleichgültigkeit, des Egoismus, der Überheblichkeit.

Jesus Christus ist auferstanden und holt auch uns aus dem Tod – viel mehr können wir heute nicht sagen. Und das müssen wir auch gar nicht. Wenn wir aber versuchen, täglich aus dieser Hoffnung heraus zu leben – dann könnten manche entdecken, dass unser Glaube viel mehr ist als ein frommes Märchen ...

(nach einer Idee von Heinrich Engel, Dornröschen – oder die Erlösung vom Tode, in: Hohes Schloss und tiefer Brunnen. Volksmärchen theologisch gedeutet, Steyler Verlag 1993, 47-49)

Ein Hauch von Jesus (Pfingsten)

„Ein Hauch von Abenteuer im Alltag" – mit diesem Werbeslogan werden wir auf ein bestimmtes Auto neugierig gemacht.
„Ein Hauch von Himmel" – dieser Titel soll viele Leute dazu bewegen, eine Fernsehserie anzuschauen, in der eine Frau anderen Menschen hilft und sich für eine harmonischere Welt einsetzt.
„Ein Hauch von Freiheit" – damit lädt ein Hotel Pferdefreunde zum Ausreiten auf sanften Hügeln und in ausgedehnten Wäldern ein.

„Ein Hauch von Jesus" – so würde ich gerne heute, am Pfingstfest, für unsere Kirche und für unsere christlichen Gemeinden werben. Dieser Slogan hat zum einen eine lange Tradition – wir entdecken seine Wurzeln schon im Johannesevangelium. Und er enthält zum anderen ein Programm, das die Kirche heute zu einer glaubwürdigen und überzeugenden Gemeinschaft machen könnte:
Einen Hauch von Jesus – den spüren die Jünger, als sie sich nach dem Tod ihres Meisters ängstlich einschließen. Sie erleben, dass er bei ihnen ist, dass sein Friede sich unter ihnen ausbreitet, dass die Freude, mit der er sie angesteckt hat, wieder zu ihnen zurückkehrt. Sie sind überzeugt, dass Jesus von ihnen erwartet, sein Werk weiterzuführen und mit seiner Botschaft zu den Menschen zu gehen. Sie fühlen sich von ihm im wahrsten Sinn des Wortes „in-spiriert", lassen sich neu von ihm be-geistern und aus ihrer Verschlossenheit herausholen *(Joh 20,19-23)*.
Einen Hauch von Jesus – den spüren auch diejenigen, die mit den Jüngern in Berührung kommen. Sie erleben deren zündende Predigt. Sie merken: Hier wird unsere Sprache gesprochen, hier geht es um uns und unser Leben, hier hören wir Worte, die uns helfen und verändern *(Apg 2,1-11)*.

„Ein Hauch von Jesus" – so möchte ich in unsere Gottesdienste einladen, und ich wünsche mir, dass alle, die mit uns feiern, zustimmen und sagen: Ja, genauso ist es. Wenn wir beieinander sind, erleben wir uns wirklich als Tischgemeinschaft Jesu und spüren seine Nähe. Wenn wir miteinander beten und von ihm reden, dann ist sein Geist gegenwärtig. Wir ahnen, dass seine Worte wahr sind: „Wo zwei oder drei in meinem Namen beisammen sind, da bin ich mitten unter ihnen." Wenn wir seine Geschichten hören, dann gehen sie uns unter die Haut und wir entdecken, dass sie uns gelten – dass sie uns aufrütteln, trösten, ermutigen oder nachdenklich machen wollen.
„Hör auf deinen Durst" – will ich den Leuten raten und ihnen sagen: Wenn Ihr mit uns die Botschaft Jesu hört und sein Mahl feiert, dann

ahnt ihr, was eure Sehnsucht, euren Lebensdurst wirklich löschen könnte.

„Hier tanken Sie auf" – möchte ich ihnen versprechen und wiederholen, worum Jesus seine Jünger und uns alle bittet: „Kommt und ruht ein wenig aus!" Unterbrecht euer geschäftiges Treiben für eine Stunde. Hier müsst ihr nichts leisten, nichts beweisen – hier dürft ihr aufatmen, und das wird euch gut tun. Hier erlebt ihr eine Atmosphäre des Friedens. Hier kann durch Singen und Musizieren Freude und Gelöstheit in euer manchmal so angespanntes Leben kommen.

„Ein Hauch von Jesus" – so möchte ich auf Predigten, Glaubensgespräche, Bibelkreise oder Sakramentenvorbereitung hinweisen, und ich wünsche mir, dass Kinder, Jugendliche und Erwachsene zustimmen und sagen: Ja, genauso ist es. Wenn wir miteinander lesen und hören, wie Jesus damals geredet und gewirkt hat, dann ist auch jetzt noch etwas von seiner Ausstrahlung zu spüren, dann springt auch jetzt noch ein Funke auf uns über. Wenn uns etwas von ihm erzählt wird, dann begegnet er uns nicht in Formeln und Katechismussätzen, sondern hautnah in lebendiger und packender Sprache. Wenn wir überlegen, was seine Worte und Taten für uns persönlich bedeuten, wenn wir vieles nicht verstehen, wenn wir unsicher werden und ins Zweifeln kommen, dann ahnen wir, dass ihm das mehr entspricht als vollmundige und pathetische Worte, die der Wirklichkeit nicht standhalten. Wie der Apostel Thomas können wir erleben, dass er unsere Fragen ernst nimmt. Und wie die beiden Emmausjünger können wir die Erfahrung machen, dass er uns gerade dann begleitet, wenn wir ratlos sind und in der Bibel nach einer Deutung für unser Leben suchen.

„Aus dieser Quelle trinkt die Welt" – möchte ich den Leuten sagen und sie dazu animieren, mit uns zusammen aus der Quelle der heiligen Schrift zu schöpfen.

„Nie war er so wertvoll wie heute" – will ich ihnen ans Herz legen und ihnen versichern, dass die Orientierung an Jesus Christus zu einem erfüllten und sinnvollen Leben führen kann.

„Ein Hauch von Jesus" – so möchte ich auf unsere christliche Lebenspraxis aufmerksam machen, und ich wünsche mir, dass viele zustimmen und sagen: Ja, genauso ist es. Wenn wir sehen, wie die Christen ihr Gemeindeleben gestalten, wie sie miteinander umgehen und wie offen sie auf andere zugehen, dann erkennen wir darin etwas von der Weite Jesu, von seiner Aufgeschlossenheit und von seiner Achtung vor jedem Menschen. Wenn wir wahrnehmen, wie sie Konflikte austragen und sich auch um die Außenseiter bemühen, dann spüren wir darin etwas von der Vergebungsbereitschaft Jesu, von seiner Stärke, anderen ohne Hass und ohne Berührungsängste zu begegnen. Wenn wir erleben, wie sensibel die Kirche als ganze und die einzelnen Christen auf Notsituationen reagieren, wie sie einander und andere unterstützen, wie sie anpacken und sich engagieren, dann entdecken wir darin etwas von der Hilfsbereitschaft Jesu, von seiner heilsamen Nähe.

„Die tun was" – will ich den Leuten zusichern und sie für ein Leben im Sinn Jesu gewinnen.

„Da weiß man, was man hat" – sollen sie sagen und sich darauf verlassen können, dass in unserer Kirche ein wohlwollendes und herzliches Klima herrscht.

„Ein Hauch von Jesus" – so würde ich heute gerne für unsere Kirche werben. Aber ich weiß natürlich auch: Nicht überall, wo Kirche draufsteht, ist auch eine solche lebendige und mitreißende Kirche drin. Oft sind wir in unseren Gemeinden, in unseren Gruppen und Kreisen noch weit weg von einer wirklich pfingstlichen Kirche. Dennoch bleibt dieses Bild von Kirche für mich Maßstab und Ziel. Und sicher nicht nur für mich. Viele wünschen sich diese Kirche. Auch unser Papst sagt: „Wir sehnen uns nach einer Kirche, in der der Geist waltet, nicht der Buchstabe; nach einer Kirche, in der die Weite des Verstehens die Grenzen sprengt, die die Menschen gegeneinander aufrichten." Und ich bin überzeugt:

Je mehr sich an diesem Ziel orientieren, desto mehr werden auch einen „Hauch von Abenteuer im Alltag" spüren, wenn sie anderen von ihren Ideen erzählen.

Je mehr sich für eine solche Kirche engagieren, desto mehr werden auch einen „Hauch von Himmel" erleben, wenn sie ihr Fleckchen Erde im Sinn Jesu umgestalten.

Je mehr sich das Leben Jesu zum Maßstab nehmen, desto mehr werden auch einen „Hauch von Freiheit" empfinden, wenn sie ihre bisher so engen Denkmuster einer heilsamen Prüfung unterziehen müssen.

„Überraschend. Überzeugend. Anders." So wünsche ich mir eine von Jesus angehauchte, inspirierte Kirche.

Praktische Beispiele

Feste im Jahreskreis

Wes' Brot ich ess', des' Lied ich sing' (Fronleichnam)

Sie kennen sicher das Sprichwort: „Wes' Brot ich ess', des' Lied ich sing'".. Meistens gebrauchen wir es, wenn wir ausdrücken wollen:
- Ich bin abhängig von meinem ‚Brötchengeber', von dem, der für meinen Unterhalt sorgt.
- Ich esse eben nicht nur sein Brot, sondern muss auch seine Meinung vertreten, seine Einstellungen übernehmen.
- Ich muss nach seiner Pfeife tanzen und singen.

Meistens klingt dieser Satz nach Resignation: „Wessen Brot ich esse, dessen Lied muss ich eben singen."
Heute - am Fronleichnamsfest - könnte dieser Satz einen anderen Klang bekommen. Er könnte zur Proklamation werden: „Wessen Brot ich esse, dessen Lied will ich singen!"

Denn heute wollen wir ja zeigen, für welchen ‚Brotgeber' wir uns entschieden haben. Wir wollen den bekannt machen,
- der uns das Brot des Lebens gibt;
- dem wir zutrauen, dass er unseren Lebenshunger wirklich stillen kann;
- von dem wir erhoffen, dass er auch dann noch Lebens-Mittel für uns parat hat, wenn wir es satt haben, nur satt zu sein.

Wir wollen uns zu dem bekennen, der uns den Proviant gibt, den wir für unseren Lebensweg brauchen:
- Allen, die nach Geborgenheit und Begleitung hungern, sagt er: „Ich bin der gute Hirt" - und verspricht damit, uns auch in schweren und gefährlichen Zeiten, auch in Krankheit und Schmerzen nicht im Stich zu lassen.

- Allen, die nicht mehr weiter wissen und nach Orientierung hungern, sagt er: „Ich bin das Licht" - und verspricht uns damit auch in die dunklen Stunden hinein einen Hoffnungsschimmer.

Jesus Christus - unser ‚Brotgeber'.

Heute wollen wir aber auch zeigen, dass das Lied unseres ‚Brotgebers' keine ‚Kammermusik' ist. Deshalb verlassen wir den Kirchenraum und gehen ins Freie. Wir wollen damit deutlich machen, dass die Frohe Botschaft, die Melodie Gottes, die Jesus uns zuspielt, in alle unsere Lebensbereiche hineinklingen soll.

Franz von Assisi hat einmal gesagt: „Was sind denn die Knechte Gottes anderes als seine Spielleute, die die Aufgabe haben, das Herz der Menschen aufzurichten ..." Franz versteht sich selbst als fahrender Sänger, der mit dem Lied seines Brotgebers unterwegs ist, und er wünscht sich alle Christen als Troubadoure, die die Melodie des Evangeliums in die Welt hineinsingen.

Das Lied unseres Brotgebers ist ein *Liebeslied*, weil es von der Güte und Menschenfreundlichkeit Gottes erzählt. Und es soll durchklingen in den Worten, die wir einander sagen; in der Art, wie wir einander begegnen, in den kleinen Zeichen der Aufmerksamkeit, die wir einander schenken.

Das Lied unseres Brotgebers ist auch ein *Friedenslied*, weil es die selig preist, die Frieden stiften. Es hält die Hoffnung auf Frieden wach in Zeiten des Krieges und des Hasses. Es singt von Toleranz und Respekt und will denen in den Ohren klingen, die nur ihre eigenen Interessen kennen, die andere verachten, die ‚über Leichen gehen'. Es entwirft Bilder von Harmonie und Gemeinschaft und lenkt so ‚unsere Schritte auf den Weg des Friedens', es motiviert uns zum Engagement für den Frieden im Kleinen und im Großen.

Das Lied unseres Brotgebers ist schließlich ein *Protestlied*, weil es von der Parteilichkeit Gottes für die Armen und Ausgehungerten singt. Und es soll durchklingen in unserem Engagement und in unserer Hilfsbereitschaft - in unseren Gemeinden, in unserer Stadt und darüber hinaus.

Das Lied unseres Brotgebers - alles andere als ‚Kammermusik', die nur hinter Kirchenmauern erklingen darf.

Noch ein drittes wollen wir heute zeigen: dass wir das Brot, das Jesus uns schenkt, nicht aus den Augen verlieren wollen. Deshalb stellen wir es in die Monstranz und halten es hoch. Deshalb nehmen wir es mit auf unseren Weg und tragen es durch die Straßen. Denn es erinnert uns immer an unseren Brotgeber, an seine Geschichten und Gleichnisse, an seine Worte, die für viele wie Brot waren, an seine heilsamen Berührungen, die vielen neue Kraft und Lebensmut geschenkt haben. Dieses Brot erinnert uns an Jesus, an die gemeinsamen Mahlzeiten mit seinen Jüngern, und an seine Tischgemeinschaft mit den Außenseitern. Es erinnert uns daran, dass das Brot, das wir teilen, nicht weniger wird; dass etwas wächst und aufblüht, wenn wir einander teilnehmen lassen an unseren schönen Erfahrungen und an unseren Enttäuschungen. „Wenn das Brot, das wir teilen, als Rose blüht" – singen wir in einem modernen Kirchenlied.
Dieses Brot warnt uns schließlich davor, nur für unser eigenes Brot zu sorgen, also zu ‚Eigen-brötlern' zu werden.
Das Brot, das die ganze Lebensgeschichte Jesu durchscheinen lässt - das Brot, das wir nicht aus den Augen verlieren wollen.

Das Sprichwort „Wes' Brot ich ess', des' Lied ich sing'," - für uns heute nicht Ausdruck der Resignation, sondern Proklamation unseres Glaubens an Jesus Christus. Nicht Beschreibung einer ungewollten Abhängigkeit, sondern Kurzformel für unsere Freude und für unseren Dank, dass wir einen Brotgeber haben, mit dem wir uns wirklich sehen lassen können.
„Wes' Brot ich ess', des' Lied ich sing'," - Kurzformel für unsere Bereitschaft, immer das Lied dessen anzustimmen, der als einziger unseren Lebenshunger stillen kann.

Der Traum vom blühenden Leben (Erntedankfest)

„du siehst Dinge, die es gibt, und fragst: Warum? Aber ich träume von Dingen, die es nie gegeben hat, und sage: Warum nicht?"
Nach G.B.Shaw, von dem diese Sätze stammen, gibt es also verschiedene Möglichkeiten, das Leben zu betrachten und zu gestalten: Man kann von der Gegenwart ausgehen, in die Vergangenheit zurückfragen und so herausfinden, warum alles so gekommen ist. Man kann aber auch eine gute Zukunft ausmalen und sich dann von der Gegenwart aus an diesen Wunschtraum herantasten.
„du siehst Dinge, die es gibt, und fragst: Warum? Aber ich träume von Dingen, die es nie gegeben hat, und sage: Warum nicht?"
Diese zweite Möglichkeit ist - denke ich - die Lebensperspektive von uns Christen - oder sollte es zumindest sein: Die Bibel ist voll von Visionen, Träumen und Verheißungen, sie ist ein Bilderbuch mit Bildern vom erfüllten, gelingenden Leben - angefangen von der Paradiesgeschichte über die Visionen der Propheten bis hin zu den Gleichnissen Jesu, in denen er den Traum von der neuen Welt Gottes träumt, in denen er farbenfrohe Bilder malt: von Festmählern, von Hochzeitsgesellschaften, von reifen Kornfeldern usw. Diese Bilder wollen uns in eine bessere Zukunft hineinziehen, sie wollen uns motivieren, konkrete Schritte auf diese Zukunft hin zu tun.

Heute - am Erntedankfest, und mit den leuchtenden Früchten des Erntealtars vor Augen - liegt es nahe, unsere Zukunft einmal im Bild des Gartens auszumalen. Papst Johannes XXIII. hatte sicher die Paradieserzählung im Hinterkopf, als er das Ziel des menschlichen Lebens so formuliert hat: „Wir sind nicht auf der Erde, um ein Museum zu hüten, sondern um einen Garten zu pflegen, der von blühendem Leben strotzt und für eine schönere Zukunft bestimmt ist."
Der Traum vom blühenden Leben - ein Traum, der dann eine Chance hat, wenn wir uns in die Aufgabe eines Gärtners hineindenken können. Gärtner sein heißt einmal:

- ein Gespür entwickeln für Wachsen und Reifen;
- akzeptieren, dass der Mensch nicht der Macher des Lebens ist, dass er Leben nicht produzieren, sondern nur weitergeben kann.

Gärtner sein heißt aber auch:
- sich einsetzen für das Wachsen und Reifen;
- wissen, dass ohne sein Eingreifen der Garten zur Wildnis wird, und dass die Früchte verfaulen, wenn niemand sie erntet.

Gärtner sein verlangt also eine Haltung, die man mit einem Schlagwort ‚engagierte Gelassenheit' nennen könnte: Dankbares Wissen um die Vor-gabe, den Geschenkcharakter des Lebens – und gleichzeitig tatkräftige Hilfe, damit dieses Leben zum Blühen und zur Entfaltung kommt.

Ich glaube, dieser Traum vom Garten und vom Gärtner könnte bei uns Kräfte freisetzen, er könnte uns mobilisieren und Schritt für Schritt in eine schönere Zukunft hineinführen – vorausgesetzt, dass wir ihn immer wieder für die verschiedenen ‚Felder' unseres Lebens durchspielen und weiterträumen.

Ich denke z.B. an das *Lebensfeld* der Natur, in der wir leben, und ich male mir aus, wie hier harmonisches Leben gelingen kann. Ich träume von Menschen, die sich selbst als Geschöpf, als Teil der Schöpfung verstehen; die wissen, dass sie der Natur nicht nur gegenüberstehen und sie beherrschen können, sondern dass sie selbst zu dieser Natur gehören. Im zweiten Schöpfungsbericht (Gen 2,4-20) ist das sehr handfest ausgedrückt: Wie die Tiere, so formt Gott auch den Menschen aus dem Ackerboden.

Und ich träume gleichzeitig von Menschen, die zur rechten Zeit im Garten der Schöpfung tätig werden, die zur Saat und zur Ernte eingreifen, die ihren Einsatz als Dienst und Hilfe ansehen, damit die Natur zu sich selbst kommen kann, und die nicht durch ihren Machbarkeitswahn und ihr überzogenes Leistungsdenken die Schöpfung in die Er-schöpfung treiben. Sicher lassen sich daraus noch keine konkreten Einzelentscheidungen ableiten – aber wo diese im Bewusstsein

von Gabe und Auf-Gabe des Lebens getroffen werden, besteht die Hoffnung, dass sie in die richtige Richtung gehen.
Ich möchte vom *Garten der Schöpfung* träumen und sagen: Warum nicht?

Dann denke ich auch an das *Lebensfeld der Kirche*, und ich wünsche sie mir als einen Ort blühenden Lebens, als einen Garten, in dem auch die Blumen einen Platz haben, die nicht duften oder wegen ihrer Schönheit sofort ins Auge springen. Ich wünsche mir nicht die sterile Atmosphäre eines Schlossgartens, der mit einer hohen Mauer umgeben ist, und in dem alle Bäume auf ein Einheitsmaß zurechtgestutzt sind, sondern einen für alle zugänglichen Raum der Lebensfreude.
Ich stelle mir Christen vor, denen man ihren Glauben an Erlösung und Befreiung von den Gesichtern ablesen kann, die dankbar sein können für das, was an Beziehungen unter ihnen gewachsen ist, für die Hilfe und Versöhnung, die bei ihnen immer wieder geschieht, und die gleichzeitig ihre Phantasie einsetzen, wo noch neue Felder erschlossen werden müssten für ein besseres Miteinander.
Ich stelle mir Verantwortliche in dieser Kirche vor, die nicht wie stocksteife Museumswärter alte Sätze und Dogmen bewachen und ständig sagen: „Bitte nicht berühren! Ruhe bitte!" - sondern die Gärtner sind, die sich am Wachstum, an der Vielfalt, an neuen Pflanzen freuen können, und die nicht gleich alles bisher Unbekannte als Unkraut ausreißen.
Ich möchte vom *Garten der Kirche* träumen und sagen: Warum nicht?

Und schließlich denke ich an das *Feld meines eigenen Lebens*. Wenn ich es mir im Bild des Gartens vorstelle, dann werde ich dankbar für das, was andere für mich gesät haben, für die Zeiten, in denen mein Leben farbenfroh war und ich aufgeblüht bin, für das, was mit der Zeit gewachsen und gereift ist. Und gleichzeitig wünsche ich mir Geduld für die Gebiete, in denen noch etwas gedeihen muss.

Ich wünsche mir, auf die Zukunft hin zu leben und in Bewegung zu bleiben, denn - so sagt der frühere evangelische Bischof von Keler: „Ein Christ existiert im Werden, nicht im Geworden-Sein. Ein ‚fertiger Christ' ist leider oft nur einer, der andere fertig macht."
Ich hoffe, dass ich nicht wie ein Museumswärter alte Gewohnheiten behüte und nur auf die Vergangenheit starre, sondern dass ich immer wieder die Felder bei mir entdecke, die noch brachliegen und bearbeitet werden müssen.
Ich möchte vom *Garten meines eigenen Lebens* träumen und sagen: Warum nicht?

Und Ihnen wünsche ich, dass Sie Sich anstecken lassen und mitträumen, nicht nur heute am Erntedankfest, denn: „Wer keinen Mut zum Träumen hat, hat keine Kraft zum Handeln", sagt Dom Helder Camara. Wir brauchen diese Träume,
- damit wir lebendig bleiben und zu einer engagierten Gelassenheit finden;
- damit in unserer Welt, in unserer Kirche, in unserem eigenen Leben etwas durchschimmert von der schöneren Zukunft, die uns versprochen ist;
- damit wir nicht aus Gottes Garten in Teufels Küche geraten.

„Dann sitzen sie fröhlich zusammen ..." (Allerheiligen)

Einige, wohl die berühmtesten,
sind aus Holz geformt oder Stein.
Aber die meisten Heiligen in den
ganz gewöhnlichen Kirchen sind aus
Gips, das ist kaum zu bestreiten.

*Blass sehen sie aus, als wären sie nie
an der Sonne gewesen. Und überaus brav
halten sie Lämmer, Lilien oder auch
Marterwerkzeuge in ihren Händen.*

*Sanft neigen sie alle den Kopf,
als dächten sie nach über die Frage
vielleicht, warum für das gläubige Volk
ein Heiliger immer so ernst sein muss.*

*Abends, wenn keiner sie sieht (weil die
Kirche um sieben geschlossen wird);
trau'n sie sich endlich zu lächeln.*

*In der Nacht, so möcht' ich vermuten,
dürfen sie sein, wie Gott sich wohl
seine Heiligen vorstellt, selbst die
aus Gips. Nun wie? Sagen wir: selig.
Dann sitzen sie fröhlich zusammen
und erzählen und singen und lachen
(auch über uns, die wir solches ja
niemals für möglich halten). (1)*

„Die Heiligenstatuen" – steht über diesem kurzen Text von Lothar Zenetti, dem bekannten Frankfurter Pfarrer und Schriftsteller. Blass erscheinen sie ihm, die Heiligen – nicht nur als Gipsfiguren. Blass sind für ihn oft auch ihre Biographien – überstrichen mit einer Einheitsfarbe aus Frömmigkeit und Demut. Blass sind sie für ihn als Menschen, hochstilisiert zu Mustern der Tugendhaftigkeit, aber blutleer und unantastbar, der eine die Kopie des anderen.

Heute, an ihrem Festtag, möchte ich die Heiligen gerne von ihrer blassen Übermalung befreien. Ich möchte – in der Sprache von Lothar Zenetti – ihr Nachtgesicht sehen und sie als farbige, illustre Persönlichkeiten erleben. Ich möchte mir ausmalen, was sie sich bei ihrem fröhlichen Beisammensein so alles erzählen, was sie miteinander singen, und worüber sie lachen.

Sicher erzählen sie einander ihre Lebensgeschichten, die sich manchmal so spannend anhören wie ein Krimi – z.B. wenn der große Theologe Thomas von Aquin seine Story zum Besten gibt: „Meine adligen und reichen Eltern wollten, dass ich Bischof oder Papst werde – ich selbst wollte unbedingt in den Bettelorden der Dominikaner eintreten. Auf dem Weg zum Studium haben mich meine älteren Brüder gekidnappt und zwei Jahre lang gefangen gehalten. Um mich von meinen Klosterplänen abzubringen, schickten sie mir nette Mädchen in meine Zelle – ich habe sie mit einem glühenden Holzscheit vertrieben. Erst nachdem die Dominikaner meine heimliche Flucht organisiert hatten, konnte ich studieren und als Mönch die Professorenlaufbahn einschlagen."

Bestimmt sagen die Heiligen einander auch, wie sie zum Glauben gekommen sind, was sie an der Botschaft Jesu fasziniert hat, welche Ziele sie sich in ihrem Leben gesteckt haben. Immer wieder beeindruckt sie, wenn Franz von Assisi erzählt: „Auf der Suche nach einem neuen Lebensinhalt betete ich einmal vor dem Kruzifix im heruntergekommenen Kirchlein San Damiano, und plötzlich hörte ich die Stimme des Gekreuzigten: ‚Francesco! Geh und stell mein Haus wieder her, das ganz zerfällt, wie du siehst!' Und kurz darauf hatte ich in einem anderen verlassenen Kapellchen mein entscheidendes Aha-Erlebnis: Ich hörte die Sätze, mit denen Jesus seine Jünger zum Predigen ausschickt: ‚Geht und verkündet: Das Himmelreich ist nahe ... Steckt nicht Gold, Silber und Kupfermünzen in euren Gürtel. Nehmt keine Vorratstasche mit auf den Weg, kein zweites Hemd, keine Schuhe, keinen Wanderstab ...' Da war mir klar: Das ist es, was ich suche und was ich tun will. Zusammen mit Freunden bin ich losgezogen, und wir haben das Evangelium verkündet. Unser Lebensmotto hieß: ‚Was sind wir Knechte Gottes denn anderes als herumziehende

Sänger und Spielleute, welche die Herzen der Menschen bewegen und erfreuen wollen!'"

Wenn die Heiligen singen, dann greift wahrscheinlich Cäcilia zu ihrer kleinen Orgel, und sie begleitet den heiligen Ambrosius von Mailand bei seinem berühmten Advents-Hymnus: ‚Komm du Heiland aller Welt'. Die heilige Hildegard trägt einige ihrer Gesänge und Kompositionen vor. Danach wünschen sich alle, dass Franziskus seinen Sonnengesang anstimmt: ‚Gelobt seist du, mein Herr, mit allen deinen Geschöpfen – durch Bruder Mond und die Sterne, durch Bruder Wind und die Luft, durch Schwester Wasser, durch Bruder Feuer, durch unsere Schwester Mutter Erde ...' Thomas von Aquin wird gebeten, die schönen Lieder vorzusingen, die er für das Fronleichnamsfest geschrieben hat: ‚Lobe Zion, deinen Hirten', Gottheit tief verborgen', das ‚Tantum ergo' oder das ‚Pange lingua'. Und dann wollen sie gemeinsam singen: ‚Einer hat uns angesteckt mit der Flamme der Liebe'. Manchmal aber haben sie auch Lust auf einen flotten Dixie – dann laden sie sich Louis Armstrong mit seiner Trompete ein und schmettern ‚O when the Saints go marching in.'

Nun sind die Heiligen richtig in Stimmung, und sie fangen an, einander Schwänke und lustige Begebenheiten aus ihrem Leben zu erzählen. Jetzt kommt die große Stunde des Philipp Neri, den man den ‚Spaßvogel Gottes' nennt: „Wisst ihr noch", fängt er an, „wie ich einen jungen Adligen getestet habe, der in meine Gemeinschaft eintreten wollte? Um herauszubekommen, ob er auch Spott um der Sache Jesu willen ertragen könne, habe ich von ihm verlangt, sich einen Fuchsschwanz ans Hinterteil zu hängen und so durch die Straßen Roms zu laufen. Er ist zwar losmarschiert, aber nie wieder zurückgekommen ..." Noch bevor das Lachen der Heiligen verklingt, legt Philipp Neri nach: „Noch heute freue ich mich darüber, wie ich damals stolze und aufgeblasene Menschen provoziert habe: die Kardinäle, denen ich ein unanständiges Gedicht vorgetragen und zur Flöte vorgetanzt habe; oder die vornehme Römerin, bei der ich mit

Adligen und Kirchenfürsten eingeladen war, und bei der ich mit einer bärtigen und einer frisch rasierten Gesichtshälfte erschienen bin."

Don Bosco möchte seinem großen Vorbild nicht nachstehen und steuert eine seiner köstlichen Storys bei: „Weil die Kirche mit meinem Humor nicht klarkam, sollten mich im Auftrag des Bischofs einmal zwei Pfarrer in eine Irrenanstalt bringen und mich dort für verrückt erklären lassen. Sie wollten es ganz geschickt machen und luden mich zu einer Spazierfahrt mit einer Kutsche ein. Ich hatte ihre Absicht aber längst durchschaut und bat sie, zuerst in die Kutsche einzusteigen. Dann schlug ich sofort die Türe zu, die sich von innen nicht mehr öffnen ließ, und rief dem Kutscher zu: ‚Fahr schnell in die Irrenanstalt, dort werden die beiden erwartet!' Weil man dort nur auf einen Priester vorbereitet war, und jeder der beiden behauptete, er sei's nicht, wurden beide dabehalten. Erst nach Tagen klärte sich das Missverständnis auf – ganz Turin hatte etwas zu lachen, und ich für einige Zeit meine Ruhe."

Immer fröhlicher wird das Lachen der Heiligen, als Thomas Morus seinen englischen Humor aufblitzen lässt, Teresa von Avila ihr Gebet wiederholt. „Vor törichter Andacht und sauertöpfischen Heiligen bewahre uns, o Herr!", und als Caterina von Siena verrät, wie sie den Papst mit Briefen bombardiert hat, und wie sie ihn zu mutigen Reformen drängen wollte: „Seien sie nicht ein ängstlicher Säugling, sondern ein Mann!" – schreibt sie ihm unverblümt.

„Dann sitzen sie fröhlich zusammen
und erzählen und singen und lachen
(auch über uns, die wir solches ja
niemals für möglich halten)."

So möchte ich mir die Heiligen vorstellen – als Originale, als Suchende, die in Jesus Christus den Sinn ihres Lebens finden, und die ihre Talente in den Dienst seiner guten Sache stellen, als herzhafte Christen, durch die unsere Kirche lebendig und farbig wird – als Vor-

bilder, die unsere Phantasie anregen, wie wir selbst überzeugend und originell im Sinn Jesu leben können.
So möchte ich heute mit Ihnen die Heiligen feiern und für sie danken.

(1) Lothar Zenetti, Auf seiner Spur. Texte gläubiger Zuversicht (Topos Plus 327) © Matthias-Grünewald-Verlag der Schwabenverlag AG, Ostfildern, 4. Aufl. 2006, S. 117

Der Tod schenkt uns das Leben (Allerseelen)

Man kann versuchen, den Tod zu verdrängen.
Man kann die Gedanken über den Tod immer wieder von sich wegschieben.
Man kann dafür sogar noch gute Gründe angeben.
Am raffiniertesten hat das wohl der Philosoph Epikur gemacht, der im 4. Jahrhundert v. Chr. gelebt und folgendes Wortspiel geprägt hat: „Der Tod kann uns nichts anhaben: Wenn wir da sind, ist der Tod nicht da; wenn der Tod da ist, sind wir nicht mehr da. Warum sollen wir da den Tod noch fürchten?"
Und schließlich gibt es auch eine christliche Variante unter den Ausweichmanövern vor dem Tod: Man kann allzu schnell von Auferstehung, vom ewigen Leben, vom besseren Jenseits reden – und so der Schärfe und Radikalität des Todes aus dem Weg gehen.

Aber ich glaube, alle Fluchtversuche – die unbewussten, die intelligent begründeten und die religiös angehauchten – alle sind sie letztlich unmenschlich und darum auch unchristlich. Schmerz, Trauer und Angst vor dem Tod – das gehört zu unserem Menschsein, und darüber müssen wir uns Gedanken machen. Und wenn wir als Christen glauben, dass uns Gottes Liebe gerade im Tod des Menschen Jesus von Nazareth besonders nahekommt, dass Gott sich gerade mit diesem toten Jesus besonders identifiziert hat – dann können wir uns eine Auseinandersetzung mit dem Tod, auch mit unserem eigenen, nicht ersparen.

Sicher hat der französische Schriftsteller recht, der sagt: „Der Sonne und dem Tod kann man nicht unverwandt ins Antlitz schauen" – aber gerade deshalb ist der Allerseelentag eine gute Gelegenheit, einmal ohne konkreten, aktuellen Anlass über den Tod nachzudenken, zu überlegen, welche Einstellung, welche Grundhaltung dem Tod gegenüber unserem Glauben angemessen ist. Mir hat eine Szene aus einem Roman zum Einstieg in diese Gedanken geholfen. Der Prager Schriftsteller Ivan Klima schreibt sie in seinem Buch ‚Machtspiele' – und ich möchte sie Ihnen kurz nacherzählen:

Der Journalist Matthias Leopold hat seinen Zug verpasst. Unruhig steht er auf dem Bahnsteig herum – und er beschließt, den nächsten Zug zu besteigen, der sich ihm bietet. Plötzlich läuft ein Kurzzug ein, der auf keinem Fahrplan zu finden ist, und der nur wenige Minuten hält. Niemand steigt aus – niemand steigt ein. Matthias Leopold springt aufs Trittbrett, rüttelt an der Tür – aber er kann sie nicht öffnen. Schließlich sagt ihm ein Fahrgast aus dem Abteil heraus, er könne mit diesem Zug nicht mitfahren, in ihm würden Aussätzige abtransportiert. Entsetzt springt Leopold ab, und von diesem Augenblick an lebt er in der panischen Angst, er hätte sich an dieser Eisenbahntür infiziert. Er malt sich aus, dass auch er sich bald von Frau und Tochter trennen müsse und in einem solchen Zug abtransportiert würde. Er fängt an, sich genauer über den Aussatz zu erkundigen. Dabei erfährt er, dass es viel mehr Aussätzige in seiner Umgebung gibt, als er bisher angenommen hatte. Stutzig macht ihn, dass es samt und sonders Leute sind, die er aufrichtig bewundert, Menschen, die seiner Meinung nach ein vorbildliches Leben führen.
Schließlich hält er es nicht mehr aus, und er zieht seinen langjährigen Arzt ins Vertrauen. Im Gespräch entdeckt er, dass auch dieser ein Aussätziger ist. Völlig verzweifelt schreit Leopold: „Steckt denn die ganze Welt voll Aussatz? Müsste man sie nicht von den Aussätzigen reinigen, damit die Gesunden gesund bleiben?"

Der Arzt aber nimmt die Aussätzigen in Schutz: „Wer kann denn besser als sie über die Gesundheit dieser kranken Welt wachen?" Und er fügt hinzu: „Wir sind das Salz dieser Erde, wir sind das Licht der Menschheit, der letzte Sonnenstrahl, der die Menschheit aus der Finsternis zu leiten vermag."
Und jetzt begreift Matthias Leopold, wer die Menschen im Eisenbahnzug waren. Es waren die Aussätzigen, die ihren besonderen Auftrag nicht begriffen hatten; Menschen, die sich ausschließlich der Krankheit hingegeben und so ihren Platz in der Gemeinschaft verloren hatten.

Wenn wir diese Symbolgeschichte entschlüsseln – im Blick auf unsere Frage nach dem Tod – dann können wir sagen:
Infiziert sind wir alle – keinem von uns bleibt der eigene Tod erspart, ebenso wenig der Schmerz und die Trauer über den Tod von Freunden und Verwandten. Aber so, wie der Tod in sich widersprüchlich ist, so gegensätzlich sind auch die Versuche der Menschen, sich auf diesen Tod einzustellen.
Auf der einen Seite vernichtet der Tod das Leben, er bricht es ab und löscht es aus. Auf der anderen Seite bringt er es zur Vollendung, schließt es ab, macht endgültig deutlich, was das für ein Leben war. Und so, wie der Tod das Leben nichtig und wichtig zugleich machen kann, so können auch wir unser Leben im Angesicht des Todes nichtig machen oder wichtig nehmen.
Die Menschen im Zug – das sind die, die sich durch das Wissen um den Tod immer weiter aus dem Leben hinaustreiben lassen, die dem Tod mehr Raum geben, als ihm zusteht, die schon lebendig tot sind, die sich, um es mit einem Bild aus dem Eislauf zu sagen, immer weiter in eine Todesspirale hineindrehen, die verschiedene Namen haben kann: Resignation, Absterben von Gefühl und Phantasie, Unfähigkeit zum Mit-leiden, Interesselosigkeit am anderen.
Der Arzt und die übrigen Aussätzigen in Klimas Roman, die ihren Auftrag begreifen – das sind dann auf der anderen Seite die Men-

schen, die sich durch das Wissen um den Tod immer weiter ins Leben hineintreiben lassen, die den Blickwinkel einfach umdrehen und nicht auf den Tod zu, sondern vom Tod her zu leben versuchen, die, gerade weil sie um die Begrenztheit ihrer Existenz wissen, eine Lebensspirale beginnen, eine Lebensspirale von der Gleichgültigkeit hin zur Liebe, vom Nachtragen zum Vergeben, vom Vorurteil zur Offenheit, vom Behaltenwollen zum Schenken, Menschen, die ihre Lebenszeit immer tiefer und intensiver erfahren, die ihre Möglichkeiten und Chancen, an der Gesundung der Welt mitzuhelfen, so gut wie möglich nützen, Menschen, die schon zu Lebzeiten aussteigen aus dem Teufelskreis des Todes.

Wahrscheinlich können wir nicht wie Franz von Assisi sagen: „Gelobt seist du, Herre mein, durch unseren Bruder, den leiblichen Tod." Und wahrscheinlich finden wir auch nie ganz zu der Gelassenheit, in der Papst Johannes XXIII. sagen konnte: „Oft an den Tod zu denken, ist eine gute Art, sich mehr über das Leben zu freuen." Aber eine Spur dieser Grundhaltung könnte auch bei uns immer wieder zum Vorschein kommen: Weil wir glauben, dass Gott im Tod Jesu den Tod überwunden hat, können auch wir den Tod, der unser Leben begrenzt, in seine Grenzen verweisen, ihm dort keinen Raum geben, wo er nichts verloren hat.

So möchte ich zum Schluss dem raffinierten Wortspiel des alten Philosophen Epikur das eines modernen Dichters entgegenstellen. Hier wird der Tod nicht verharmlost, weil er ja nicht da sei, wenn wir da sind, hier wird ihm der Kampf angesagt.
Die erste Strophe ist nichts anderes als die Deklination des Wortes ‚Tod':
Der Tod
Des Todes
Dem Tod
Den Tod

Dann aber werden in einer zweiten Strophe jeweils zwei Zeilen zusammengefasst:
Der Tod des Todes
Dem Tod den Tod.
Eine Feststellung und eine Aufforderung: Weil das Kreuz Christi der Tod des Todes ist, müssen wir dem Tod den Tod ansagen und ihm dort, wo es in unseren Kräften steht, Widerstand leisten.

KASUALIEN

Taufe

Vier Wünsche zur Taufe (zu Mk 1,9-11)

Die Geschichte von der Taufe Jesu – auf den ersten Blick eine kleine Episode aus seinem Leben, in wenigen Worten erzählt. Auf den zweiten Blick eine Symbolgeschichte, eine Bildgeschichte:
Das erfrischende und reinigende Element Wasser steht für den Neuanfang im Leben Jesu. Jetzt, im Alter von 30 Jahren, beginnt für ihn etwas ganz Neues. Jetzt erkennt er seinen Auftrag. Jetzt geht er mit seinen Worten und Taten in die Öffentlichkeit.
Der geöffnete Himmel deutet an, dass Jesus sich von Gott gesandt weiß; dass er mit der Botschaft vom Reich Gottes ein Stück Himmel hier auf der Erde sichtbar und spürbar machen will.
Die Taube ist ein Bild für den guten Geist, der mit Jesus in die Welt kommt – für den Geist des Friedens, den er bringt.
Und die Stimme aus dem Himmel steht für das Vertrauen Jesu: Ich bin von Gott geliebt und angenommen. Ich kann von Gott getragen und geführt meinen Weg gehen – egal, wie andere Menschen zu mir stehen.

Wasser, geöffneter Himmel, Taube und Stimme – mit diesen vier Bildworten möchte ich heute vier Wünsche für N. verbinden:

Mit dem Wasser, mit dem er nachher getauft wird, wünschen wir N., dass er in den verschiedenen Situationen seines Lebens die erfrischende Kraft des Glaubens spürt; dass er immer wieder erkennt: Der Glaube an Jesus Christus gibt mir neue Impulse. Und er hat reinigende Kraft: Er hilft mir, Wesentliches von Unwesentlichem zu unterscheiden, klare Entscheidungen zu treffen und unnötigen Ballast hinter mir zu lassen.

Mit dem Bild des geöffneten Himmels wünschen wir N., dass er in den Geschichten und Gleichnissen Jesu entdeckt, wie Gott sich eine neue Welt, ein Reich der Gerechtigkeit und der Liebe vorstellt; und dass er mithilft, ein Stück Himmel, eine Spur dieses Gottesreiches jetzt schon zu verwirklichen.

Mit dem Bild der Taube wünschen wir N., dass er in eine Welt hineinwächst, die den Frieden will und sich um den Frieden bemüht, und dass er selbst das Seine dazutut, dass der Friede im Kleinen und im Großen wachsen kann; dass ein Geist des Friedens sich immer mehr ausbreitet.

Und mit dem Bild der Stimme aus dem Himmel wünschen wir N., dass er wie Jesus die Erfahrung macht: Gott liebt mich so, wie ich bin. Bei ihm bin ich einmalig. Wir wünschen ihm, dass er durch die Stimmen anderer Menschen, durch gute und wohlwollende Worte hört und spürt: ich bin gewollt, ich bin geschätzt. Wir wünschen ihm, dass er die Melodie hört, die Gott ihm ganz persönlich zuspielt, dass er seine Begabungen und Talente entdeckt und entfaltet und sie zum Wohl der anderen einsetzt.

Und Ihnen, den Eltern und Paten, wünsche ich, dass Sie N. helfen können,
- die erfrischende Kraft des Glaubens zu spüren,
- den geöffneten Himmel zu entdecken,
- im Geist des Friedens zu leben,
- die Liebe Gottes zu spüren und seinen eigenen Weg zu finden.

Drei Affen und eine Blindenheilung (zu Joh 9,1-7)

Zunächst habe ich etwas gestutzt, als Sie mir diese Stelle aus dem Johannesevangelium als Tauftext genannt haben: eine drastisch und handfest geschilderte Blindenheilung Jesu. Aber je öfter ich diese Geschichte gelesen habe, desto mehr Verbindungen zur Taufe und ihrer Symbolik habe ich entdeckt.

„Ich bin das Licht der Welt", sagt Jesus. Bei jeder Taufe brennt die Osterkerze, um uns das zu illustrieren. Und wenn nachher die Taufkerzen daran angezündet werden, wünschen wir den Täuflingen, dass ein Funke seines Lichtes auf sie überspringt, dass sie sein Licht weitertragen.

Jesus berührt den Blinden. Bei jeder Taufe werden die Täuflinge mehrmals berührt - mit dem Kreuz, das ihnen auf die Stirn gezeichnet wird; mit dem kostbaren Öl Chrisam, mit dem sie gesalbt werden; beim sogenannten Effata-Ritus, bei dem ich ihnen Ohr und Mund berühre.

„Der Mann wusch sich. Und als er zurückkam, konnte er sehen." Bei jeder Taufe steht das Element Wasser im Mittelpunkt - Wasser, das belebt und erfrischt; Wasser, das für Klarheit und Reinigung steht.

Und dann sind mir noch die drei Affen eingefallen - nicht hören, nicht reden, nicht sehen (ich habe sie mitgebracht in einer schönen Skulptur aus Afrika). Ohr und Mund der Täuflinge werde ich nachher berühren und ihnen dabei wünschen, dass sie die Botschaft Jesu hören und davon reden. Die Berührung der Augen und der Wunsch, dass wir als Christen durch die Botschaft Jesu klarer sehen, taucht im Ritus eigentlich nicht auf. Deshalb ist Ihr Taufevangelium eine wunderschöne Ergänzung und Bereicherung - ein neuer Gedanke, was Christsein noch heißen kann.

Christsein heißt nicht nur: ein offenes Ohr haben für die Worte Jesu; hören, welche Maßstäbe, welche Werte er uns ans Herz legt.
Christsein heißt nicht nur: den Mund aufmachen; weitersagen, was uns am Evangelium wichtig ist.

Christsein heißt auch: sich von Jesus die Augen öffnen lassen; sich von ihm eine neue Perspektive schenken lassen; sich von ihm helfen lassen, unser Leben mit neuen Augen zu sehen; sich von ihm heilen lassen, wenn wir blind sind für die Wunder der Schöpfung, blind für die Nöte der Mitmenschen, blind für die Situationen, in denen unser Engagement nötig ist.

Nicht hören, nicht reden, nicht sehen - das sind ‚Krankheiten', von denen Jesus jede und jeden von uns heilen will. Durch unsere Berührungen sollen unsere Täuflinge heute seine heilsame Nähe spüren, und unser Gebet soll sie begleiten:

Herr, öffne ihnen die Ohren, damit sie den Schrei der Armen und Hungernden nicht überhören.
Herr, öffne ihren Mund, damit sie angesichts der Ungerechtigkeiten in der Welt nicht schweigen.
Herr, öffne ihre Augen, damit sie die Krankheiten und die Not der anderen nicht übersehen.
Herr, öffne ihre Ohren, damit sie die leisen Töne und die Zwischentöne hören.
Herr, öffne ihren Mund, damit ihre Worte andere aufbauen und ermutigen.
Herr, öffne ihre Augen, damit sie das Positive bei sich und bei anderen sehen.

Originalität und Organismus (zu 1 Kor 12,12-13)

Taufe heißt ‚Ein-gliederung' in die Kirche, Mitglied werden in der Gemeinschaft der Christen, Glied werden am Leib Christi. Paulus benutzt in seinen Briefen mehrmals dieses Bild vom Leib und den vielen Gliedern. Was er darüber den Korinthern schreibt, haben Sie für die Taufe von M. als Schrifttext ausgewählt:

Wie der Leib eine Einheit ist, doch viele Glieder hat, alle Glieder des Leibes aber, obgleich es viele sind, einen einzigen Leib bilden: so ist es auch mit Christus. Durch den einen Geist wurden wir in der Taufe alle in einen einzigen Leib aufgenommen, Juden und Griechen, Sklaven und Freie; und alle wurden wir mit dem einen Geist getränkt (1 Kor 12,12-13).

Das Bild vom Leib und den vielen Gliedern ist für mich deshalb so schön und so treffend für eine menschliche Gemeinschaft, weil zwei wichtige Elemente darin enthalten sind: Vielfalt und Einheit; Originalität und Organismus.

Pablo Casals, der berühmte Cellist, macht einen Vorschlag, wie man Kinder zu beidem hinführen könnte - einerseits zur Originalität, zum Entwickeln einer eigenständigen Persönlichkeit, und andererseits zum Wissen darum, dass wir aufeinander angewiesen sind, dass wir ohne Harmonie und Respekt vor dem anderen nicht leben können. Casals sagt:

„Was bringen wir unseren Kindern ... bei?
Dass zwei mal zwei vier ist
und Paris die Hauptstadt Frankreichs.
Wann wird man sie lehren,
was sie selbst sind?
Jedem dieser Kinder sollte man sagen:
Weißt du auch, was du bist?
Du bist ein Wunder!
Du bist einmalig!
Auf der ganzen Welt gibt es kein zweites Kind,
das genauso ist wie du.
Und Millionen Jahre sind vergangen,
ohne dass es je ein Kind gegeben hätte wie dich.
Schau deinen Körper an, welch ein Wunder!

*Deine Beine, deine Arme,
deine geschickten Finger, deinen Gang.
Aus dir kann ein Shakespeare werden,
ein Michelangelo, ein Beethoven ...
Jawohl, du bist ein Wunder.
Und wenn du erwachsen sein wirst,
kannst du dann einem anderen weh tun,
der, wie du selbst, auch ein Wunder ist?"*

Ich wünsche Ihrer kleinen M., dass sie ihre Originalität entdeckt; dass sie die Talente und Begabungen entfalten kann, die ihr mitgegeben sind. Und ich wünsche ihr, dass sie den Wert der Gemeinschaft erkennt; dass sie nicht nur ihre eigene, sondern auch die Einmaligkeit der anderen Menschen schätzen lernt.

Ich wünsche ihr, dass sie in eine Kirche hineinwachsen kann, die ihre Originalität fördert; die sie immer wieder spüren lasst: du bist wertvoll; du bist akzeptiert – so, wie du bist.
Und ich wünsche ihr, dass sie in dieser Kirche lernen kann, die Andersartigkeit der anderen zu respektieren; die Vielfalt nicht als Bedrohung, sondern als Bereicherung zu sehen; ihre eigenen Fähigkeiten zum Wohl der anderen einzusetzen.

Ich wünsche ihr, dass sie in ihrer Familie, in ihrer Gemeinde und in ihrer Kirche die Be-geisterung spürt, die von Christus ausgeht, den guten Geist, der jeder und jedem besondere Charismen schenkt und der uns alle zur Gemeinschaft zusammenführt.

Salz, Licht – und Seife (zu Mt 5,13-16)

Zum Evangelium, das Sie sich für die Taufe von B. ausgesucht haben, ist mir eine lustige Geschichte eingefallen:

Ein Seifenfabrikant sagt zu einem Christen: „Das Christentum hat nichts erreicht. Obwohl es schon bald 2000 Jahre gepredigt wird, ist die Welt nicht besser geworden. Es gibt immer noch Böses und böse Menschen!"
Der andere zeigt auf ein ungewöhnlich schmutziges Kind, das am Straßenrand im Dreck spielt, und bemerkt: „Seife hat nichts erreicht. Es gibt immer noch Schmutz und schmutzige Menschen in der Welt!"
„Seife", entgegnet der Fabrikant, „nützt natürlich nur, wenn sie angewendet wird."
Darauf der andere: „Christsein auch ..."

Wenn eine Seife in der Verpackung bleibt und nicht an die Frau oder an den Mann kommt, bleibt sie wirkungslos.
Wenn Salz nicht unter die Speisen gemischt wird oder wegen falscher Lagerung feucht und fad wird, ist es wertlos und nutzlos.
Wenn Licht unsichtbar gemacht wird, kann man darauf verzichten.
Wenn Christen nichts zeigen von ihrem Glauben; wenn sie unter Verschluss halten, was sie hoffen und woraus sie ihre Kraft gewinnen, dann stimmt etwas nicht.

An der verändernden Kraft unseres Glaubens liegt es nicht – „Ihr *seid* das Salz der Erde", sagt Jesus: Ihr habt die Möglichkeit, die Leute auf den Geschmack zu bringen, was gutes und erfülltes Leben sein kann. Ihr habt das Hoffnungspotential, das Faulwerden, Trägheit und Resignation verhindert. Ihr habt die Chance, die fade Suppe der Gleichgültigkeit zu würzen.

An der Leuchtkraft unseres Glaubens liegt es nicht – „Ihr *seid* das Licht der Welt", sagt Jesus: Ihr könnt das Dunkel mancher Trauer und Einsamkeit aufhellen. Ihr könnt in eine düstere Zeit hinein Orientierung und Wegweisung geben. Ihr könnt in eine kalte Welt ein Klima der Herzlichkeit, Wärme und Geborgenheit bringen.

Am Wesen, am Inhalt unseres christlichen Glaubens liegt es nicht, dass manchmal so wenig von ihm zu sehen und zu spüren ist; dass viele nicht auf seinen Geschmack kommen und sich für ihn interessieren.
Vielleicht liegt es daran, dass wir oft so gute Verpackungskünstler sind, dass wir unseren Glauben so gut verbergen, dass wir ihn zu wenig zeigen und vorleben. „Wo habt ihr Christen die Gnade versteckt?" – fragt der Dichter Bernanos.

Wenn wir heute an seinem Tauffest dem kleinen B. dieses Evangelium mit auf den Weg geben, dann wünschen wir ihm,
- dass er die Gnade, das Geschenk seines Christseins nicht versteckt, nicht unter Verschluss hält;
- dass er wie das Salz mithilft, dass das Leben nicht fad und langweilig bleibt; dass es würzig und genießbar wird; dass andere Geschmack finden an einem Leben im Sinn Jesu.
- dass er das Licht seines Glaubens leuchten lässt, dass er mit seiner Lebensfreude und Begeisterung andere ansteckt und sie neugierig macht auf Jesus.

Praktische Beispiele

Erstkommunion

S O S (zu Lk 8,22-25)

Als Ihr gerade die Geschichte vom Sturm auf dem See gehört habt - ist es Euch, ist es Ihnen da auch so gegangen wie mir?
Ich habe zuerst gedacht: Das passt doch nicht -
- eine Geschichte mit Unwetter, Wirbelsturm und Seenot - an einem so schönen und festlichen Tag wie heute;
- eine Geschichte mit Angst, Schrecken und Geschrei - an einem Tag, wo Freude und Fröhlichkeit im Mittelpunkt stehen.

Aber als ich die Geschichte genauer angeschaut habe, ist mir plötzlich aufgegangen: Sie passt sehr gut zum heutigen Tag. Sie passt sehr wohl zur Feier der Ersten Kommunion.
Und wisst Ihr auch, warum?

Ich habe hier eine Taschenlampe - und mit der werde ich es Euch deutlich machen?
Schaut einmal genau hin! *(3x lang - 3x kurz - 3x lang blinken)*
Habt Ihr gesehen, was ich gemacht habe?
Was war das für ein Zeichen - 3x lang - 3x kurz - 3x lang?
Dieses Zeichen kennen fast alle Menschen auf der ganzen Welt, und schon seit langer Zeit gebrauchen es alle Seeleute, wenn sie in Seenot geraten sind.
Dieses Zeichen bedeutet: S O S - das sind die Anfangsbuchstaben von drei englischen Wörtern: „Save Our Ship" („Rette unser Schiff!") oder „Save Our Souls" („Rette unsere Seelen!")

„Rette unser Schiff! Rette unsere Seelen! Rette unser Leben!" - das haben die Jünger damals im Sturm auf dem See in ihrer Angst gerufen. Sie haben gehofft, dass Jesus sie rettet.
Ich glaube, es gibt niemanden, der nicht auch immer wieder einmal S O S rufen muss:

- wenn mir - wie wir sagen - das Wasser bis zum Hals steht;
- wenn ich - wie auf dem Wasser - den Boden unter den Füssen verliere,
- wenn ein Unglück - wie eine hohe Welle - über mich hereinbricht;
- wenn ich unsicher werde, etwas nicht verstehe, wenn ich „ins Schwimmen komme";
- wenn ich Angst habe vor einer Krankheit;
- wenn ich allein bleibe und niemand habe, mit dem ich reden kann;
- wenn ich nicht mehr weiterweiß, wenn ich in eine ausweglose Situation gerate -

immer dann rufe oder denke ich: S O S, und ich hoffe, dass jemand meine Bitte hört: Rette mich, rette mein Lebensschiff, rette meine Seele!

Die Jünger haben erlebt, dass Jesus ihr Schiff, ihr Leben rettet.
Und dasselbe können auch wir erfahren. Jesus will auch uns retten, wenn wir in Not geraten.
Heute, am Fest Eurer Ersten Kommunion, da erlebt Ihr auch, wie Jesus das macht, wie er uns hilft:
- Er schenkt uns Brot und sagt: Das bin ich, in diesem Brot bin ich Euch ganz nahe. Ihr braucht keine Angst zu haben. Ich stärke Euch und gebe Euch Kraft wie das Brot.
- Er schenkt uns sein Wort und sagt: Hört meine Geschichten, lest sie, sprecht darüber. In ihnen bin ich ganz nahe bei Euch. In ihnen kann ich Euch trösten, froh machen, ermutigen.
- Er schenkt uns gute Menschen und sagt: In diesen Menschen begleite ich Euch. Wenn Ihr Gemeinschaft untereinander haltet, dann bin ich bei Euch. Wenn Ihr nicht nur mein Brot miteinander teilt, sondern auch Eure Freude und Euren Schmerz, wenn bei Euch niemand einsam und allein bleiben muss, wenn Ihr Frieden haltet und Euch immer wieder versöhnt, dann seid Ihr gerettet, dann steht Ihr auf festem Grund.

Euch, den Kommunionkindern, wünsche ich,
- dass Ihr immer wieder gern hierher kommt,
- dass Ihr die Worte Jesu hört;
- dass Ihr sein Brot teilt;
- und dass Ihr in der Gemeinschaft hier erlebt: Ich bin gerettet; ich weiß, dass Jesus mich nicht allein lässt, wenn ich Angst habe.

Und Ihnen, den Eltern, den Paten und Verwandten, den Freunden und der ganzen Gemeinde wünsche ich,
- dass Sie den Kindern gute Wegbegleiter sind;
- das Sie sie auch hierher zum Gottesdienst begleiten;
- dass Sie ihre manchmal sehr leisen S O S - Signale hören;
- dass Sie ihnen das Grundvertrauen vermitteln, das sie spüren lässt: Ich bin gerettet, auf Jesus kann ich mich verlassen, er lässt mein Lebensschiff nicht untergehen, er hilft mir, dass mein Leben gut wird.

Wenn wir heute von hier weggehen mit dem Vertrauen, dass Jesus unser S O S hört, und dass er uns rettet durch sein Wort und sein Brot - dann war die Geschichte vom Sturm auf dem See genau die richtige Geschichte für den Erstkommuniontag.

(nach einer Idee von Willi Hoffsümmer)

Trauung

Das etwas andere Hochzeitsbild (zu Mt 14,22-33)

Hochzeitsbilder sind etwas Wichtiges. Für manche Brautpaare fast noch wichtiger als die Trauung und das Fest selbst. Fotographen müssen sich heute schon etwas einfallen lassen, um die anspruchsvollen Wünsche nach extravaganten Erinnerungsfotos zu befriedigen. Die einen legen sich vor den Altar, um das Brautpaar aus einer besonders pfiffigen Perspektive zu erwischen, die anderen haben in ihrem Atelier Bilder vom Petersdom, vom Eiffelturm oder von einer sonnigen Südseeinsel parat, und die Brautleute können auswählen, vor welchem Hintergrund sie gerne abgelichtet werden wollen.

Ihr beide habt Euch etwas anderes einfallen lassen, um das Repertoire der gängigen Hochzeitsbilder zu erweitern. Ihr habt dafür gesorgt, dass unter den Bildern, die Euch an den heutigen Tag erinnern, ein ganz besonderes zu finden ist: Das Bild vom Sturm auf dem See. Ein Bild dafür, wie es Menschen gehen kann, die ihr Leben im Glauben an Jesus gestalten wollen. Ein Text, der im Feld der üblichen Hochzeitstexte etwas exotisch wirkt, der sich aber dafür umso mehr dem Gedächtnis einprägt.

Ihr habt mit diesem Trauevangelium ein Hochzeitsbild, das im wahrsten Sinn des Wortes aus dem Rahmen fällt:
- Ein Schiff in Seenot - das passt weder zum ‚Traumboot der Liebe', das im Schlager so schön besungen wird, noch zur Romantik einer Gondelfahrt in Venedig während der Flitterwochen.
- Ein Schiff in Seenot - das ist genau das Gegenbild zum ‚Hafen der Ehe', der am Hochzeitstag so gerne beschworen wird: Am Ziel der Wünsche sein, vor Anker gehen, Schutz und Geborgenheit finden - Euer Evangelium warnt vor solchen statischen Vorstellungen.
- Eure Geschichte redet von Angst und kleinem Glauben, wo sonst Freude und Liebe im Vordergrund stehen.

- Eure Geschichte handelt von Sturm und Wellen, wo sonst alles getan wird, um die Wogen zu glätten, die das Glück dieses Tages stören könnten.

Ihr habt mit Eurem Trauevangelium ein Hochzeitsbild, das aufwühlt und provoziert, aber dafür auch eines, das echt ist. Hier ist nichts wegretuschiert, der Hintergrund nicht künstlich aufgehellt, störende Linien nicht beseitigt. Euer Hochzeitsbild ist ein Original und hält der Prüfung durch die Wirklichkeit stand.
Denn das gibt es auch in einer Ehe,
- dass einem das Wasser bis zum Hals steht,
- dass einem der Wind ins Gesicht bläst.

So etwas kann auch in einer Partnerschaft auftauchen:
- das Gefühl, den Boden unter den Füßen zu verlieren,
- die Angst, ‚auf dem falschen Dampfer zu sein'.

Das einfache Bild vom kleinen Boot auf stürmischer See und von den ängstlichen Jüngern lässt Platz für all diese herben Erfahrungen. Aber - es erschöpft sich nicht darin.

Denn Ihr habt mit Eurem Trauevangelium nicht nur ein Hochzeitsbild, das aus dem Rahmen fällt und das echt ist, sondern vor allem eines, das eine Perspektive hat. Es deutet ganz vorsichtig an, wie menschliches Leben gelingen kann - mitten im stürmischen Auf und Ab des Alltags, mitten in Angst und Enttäuschung.
Denn der Schlüsselsatz dieses Evangeliums heißt: „Habt Vertrauen, ich bin es; fürchtet euch nicht!" Dieser eine Satz macht die Erzählung des Matthäus zu einer Hoffnungsgeschichte, zu einer Vertrauensgeschichte. Jesus selbst lebt bis in seine letzten Stunden hinein ganz im Vertrauen auf Gott, und mit diesem Vertrauen will er auch seine Jünger und uns anstecken.
- Seine Frage an Petrus: „Warum hast du gezweifelt?" ist ja nichts anderes als die Zusage: „Ich bin doch bei dir und bei euch! An mir könnt ihr sehen, dass euer Vertrauen nicht ins Leere geht!"

- Sein beruhigendes Wort an die Jünger: „Habt Vertrauen, fürchtet euch nicht!" ist ja nichts anderes als die Einladung: „Traut doch Gott etwas zu! Nehmt euer Leben in die Hand! Lasst euch nicht lähmen von den Schwierigkeiten, die auftauchen! Kämpft und bemüht euch! Denn dann wird in eurem Tun eine Kraft spürbar, die mehr ist als eure eigene Leistung. Dann entdeckt ihr den tragenden Grund eures Lebens!"

‚Vertrauen' – das ist auch das Schlüsselwort Eurer Partnerschaft und Eures Traugottesdienstes:
- Hingehen, wo der andere hingeht – in Eurem Trauspruch schwingt das Vertrauen mit, dass der andere es ehrlich meint und mich auf einen guten Weg mitnimmt.
- Bleiben, wo der andere bleibt – Sie, liebe Y., haben Ihre Auswanderungspläne aufgegeben und darauf vertraut, dass das Bleiben bei A. das Richtige ist.
- Sich langsam kennen lernen, einander näher kommen, sich miteinander vertraut machen, Vertrauen zueinander aufbauen – das ist Eure gemeinsame Geschichte, die Ihr uns vorher im Märchen vom Kleinen Prinzen nacherzählt habt.
- Vertrauen klingt auch an in dem Wort ‚Treue' – Ihr versprecht Euch nachher, zeitlebens für das verantwortlich zu sein, was Ihr Euch vertraut gemacht habt.
- Und dass Euer gegenseitiges Vertrauen getragen ist vom Vertrauen auf einen begleitenden, mitgehenden Gott – das zeigt Ihr uns dadurch, dass Ihr Euer Hochzeitsfest hier in der Kirche mit einem Gottesdienst beginnt.

Es ist gut, liebe Y., lieber A., dass Ihr mit dem Bild vom Seesturm ein ungewöhnliches Bild unter die üblichen Hochzeitsbilder mischt und zum Leitbild Eurer Ehe macht:
- Es weckt nicht nur Erinnerungen an einen schönen Tag in Eurem Leben, sondern kann Euch durch viele Tage begleiten.

- Es kann Euch helfen, Euer gemeinsames Leben als Prozess zu verstehen, als große Reise, als Überfahrt mit vielen neuen Er-fahrungen.
- Es soll Euch deutlich machen, dass Eure Ehe - auch wenn sie heute geschlossen wird - alles andere als geschlossen, ab-geschlossen und fertig ist, dass sie vielmehr ein Entwurf, ein Sakrament im Werden bleibt.
- Dieses Bild erinnert Euch an das ‚Schiff, das sich Gemeinde nennt', an die Gemeinschaft, mit der Ihr unterwegs seid, und in der Ihr Euch – im Rahmen unseres Krankenhauses als Ärztin und Arzt - engagiert habt und weiter engagieren werdet.
- Und schließlich macht es Euch Mut, auch einmal kräftig gegen des Strom zu rudern: In der Bootsklasse ‚Zweier mit Steuermann' sind die Chancen nicht schlecht!

Das Sakrament der Muschel (zum Symbol ‚Muschel')

Eines meiner Lieblingsbücher ist die „Kleine Sakramentenlehre" von Leonardo Boff, dem brasilianischen Befreiungstheologen. Seine Hinführung zu den christlichen Sakramenten beginnt er mit dem Gedanken, dass alles in der Welt, dass jeder Gegenstand zum Zeichen für etwas Anderes und Größeres werden kann – und Zeichen heißt auf griechisch ‚Symbol' und auf lateinisch ‚Sakrament'. Boffs eindrucksvollstes Beispiel ist das ‚Sakrament des Zigarettenstummels': Als er in Deutschland studiert, stirbt sein Vater in Brasilien. Seine Schwester muss ihm diese traurige Nachricht schreiben, und sie steckt in den Brief den Stummel der letzten Zigarette, die der Vater geraucht hat. Boff sagt: „Von diesem Augenblick an ist der Zigarettenstummel kein einfacher Zigarettenstummel mehr. Denn er wurde zu einem Sakrament, (er) lebt, spricht von Leben und begleitet mein Leben. (Er ist) von unschätzbarem Wert ... In unserer Erinnerung lässt er die Gestalt des Vaters gegenwärtig werden."

In dem an sich wertlosen kleinen Stückchen Papier und in den Tabakresten schwingt für Boff die ganze Lebensgeschichte des Vaters mit. Der Zigarettenstummel wird zum Sakrament, zum Symbol für alles, was er mit dem Vater erlebt hat.

Jede und jeder von uns besitzt solche Gegenstände, die zu Sakramenten geworden sind – Geschenke von Menschen, die uns etwas bedeuten, Mitbringsel, die schöne Reisen oder unbeschwerte Urlaubstage wieder lebendig werden lassen.

Ich habe mir überlegt, welches kleine Sakrament zum heutigen Tag passen könnte, an dem wir das große Sakrament Ihrer Ehe feiern. Und ich habe etwas gefunden – eine Muschel.
Die Muschel – zunächst einfach ein Allzweckgerät. Sie lässt sich als Wasserkelle, als Teller, als Löffel und sogar als Sägemesser einsetzen und kann so in vielen Lebenssituationen hilfreich sein. Sie kann aber auch zum Symbol, zum Sakrament werden. Sie steht dann für eine ganz wichtige Erfahrung, die Sie miteinander gemacht haben – für den Pilgerweg nach Santiago de Compostela. In allen Kirchen am Wegrand sind Sie der Jakobsmuschel begegnet. Und sie steht für manches, was eine ganze Lebensreise gelingen lässt, was Ihren und unseren Lebensweg zu einem guten Ziel bringen kann.

Unser Lebensweg kann gelingen, wenn wir – so wie eine Muschelschale – offen sind für das, was uns unverdient geschenkt wird, was Gott als Gabe und Aufgabe in uns hineinlegt. Und wenn wir hergeben und austeilen, wenn wir weiterschenken und mit anderen teilen, was wir empfangen.
Treue, Liebe und Barmherzigkeit – das sind Haltungen, die beides umfassen: sich beschenken lassen und schenken; annehmen und weitergeben. Treue, Liebe und Barmherzigkeit – das sind Haltungen, die Bestand haben, die – das zeigen Sie uns mit Ihrem Lesungstext (Sir 40,12–17) – auch für Sie zu einem erfüllten Leben gehören.

Unser Lebensweg kann gelingen, wenn wir wissen, wo wir auftanken können, was unser wahrer Kraftstoff ist. Die Muschel begegnet uns nicht nur an Kirchen auf dem Jakobsweg, sondern auch an anderen Straßen. Sie ist das Erkennungszeichen vieler großer Tankstellen.
Ihre großen Tankstellen sind unter anderem das Gebet, das Taizegebet, der Gottesdienst mit Gesang und Musik, die Bibel und das Gespräch über ihre kraftvollen Texte.

Unser Lebensweg kann gelingen, wenn wir uns dem Leid stellen, das uns trifft. Zu einer Muschel gehört immer auch eine Perle – und eine kostbare Perle entsteht eigentlich aus einem Unglück heraus: Ein scharfes Sandkorn gerät in die Weichteile einer Muschel. Aus Notwehr gegen diesen schmerzenden Eindringling bildet die Muschel eine Perlmutterschicht, die das Steinchen umgibt und es nach einiger Zeit zu einer Perle werden lässt.
Dass auch aus schmerzlichen Erfahrungen Kostbares wachsen kann, dass auch Leidvolles sich in Heil wandeln kann, das haben Sie beide sowohl im Beruf als auch auf Ihrem gemeinsamen Weg sicher mehr als einmal erlebt.

Unser Lebensweg kann gelingen, wenn Jesus uns kostbar und wertvoll wird, wenn wir ihn in uns tragen, wenn er in uns, in unserem Leben groß werden kann – so wie eine Muschel die kostbare Perle in sich trägt und groß werden lässt. Deshalb wurde die Muschel schon früh zum Symbol für Maria, die die kostbare Perle Jesus in sich getragen hat.
Und das ist auch Ihnen beiden wichtig geworden: Jesus groß werden lassen, seine Ideen weiterdenken, seine Vision vom Reich Gottes in sich wachsen lassen wie ein kleines Senfkorn, ihm Platz in Ihrem Herzen lassen und zur Gemeinschaft derer gehören, die sich an ihm orientieren.

Und schließlich kann unser Lebensweg gelingen, wenn wir mit der Hoffnung unterwegs sind, dass ein anderer vollendet, was uns nur bruchstückhaft gelingt; dass unser Leben vor Gott und bei Gott einen bleibenden Wert hat – auch über den Tod hinaus. Die Muschel ist seit jeher ein Symbol für das Grab und für die Auferstehung aus dem Grab – und damit für unseren Glauben, dass Gott allein uns retten kann, so wie er Jesus durch den Tod zum neuen Leben geführt hat.

Das Sakrament der Muschel – mit ihm verbinde ich meine guten Wünsche für die nächsten Etappen auf Ihrem gemeinsamen Weg:
- Bleiben Sie so offen – so empfänglich und dankbar, so aufgeschlossen und großzügig, wie wir alle Sie kennen!
- Nehmen Sie sich wie bisher Zeit zum Auftanken an den Tankstellen Ihrer Wahl!
- Lassen Sie – beruflich und privat – andere teilhaben an Ihrer Erfahrung, dass Leidvolles sich in Heil wandeln kann!
- Singen Sie aus vollem Herzen die zweite Strophe vom Lied „Wie schön leuchtet der Morgenstern": „Du meine Perl, du werte Kron, wahr' Gottes und Marien Sohn, ein König hochgeboren! Mein Kleinod du, mein Preis und Ruhm, dein ewig Evangelium, das hab ich mir erkoren."
- Und schließlich: Gehen Sie Ihren Weg konsequent weiter in der österlichen Hoffnung, dass er bei Gott sein Ziel findet!

(nach einer Idee von Willi Hoffsümmer)

All you need is love (zu Joh 15,1-9)

„Es ist etwas Wunderbares, wenn zwei Menschen, die sich vorher nicht gekannt haben, zueinander finden und fortan den Weg ihres Lebens gemeinsam gehen wollen. Liebende schenken sich einander, ihre Liebe ist ein beglückender Tausch, ist das, was das Leben lebenswert und schön macht ..."

Es soll Traupredigten geben, die so beginnen und auch so salbungsvoll weitergehen, und am Ende wird ein Teil der Zuhörer mit einer Träne im Auge sagen: „Schön war's!", und der andere Teil mit einem milden Lächeln: „Schön wär's!"

Predigen bei einer Hochzeit ist eine gefährliche Sache:
- Gefährlich, weil man sehr oft zu großen Worten greift, um zu beschreiben, was alles in der Ehe geschieht, und wie wichtig sie doch ist.
- Gefährlich, weil man sehr gern in ein romantisches Schwärmen über die Liebe hineingerät und mancher sich dann fragt, woher der Herr Pfarrer denn das alles weiß.

Und manche Texte verleiten ja geradezu zu großen Worten - zum Beispiel die, die Ihr Euch für Euren Traugottesdienst ausgewählt habt:
- Der Leitsatz auf Eurer Einladungskarte: „Schön ist alles, was man mit Liebe betrachtet."
- Die Gedanken von Khalil Gibran, dem Dichter aus dem Libanon, die wir vorher gehört haben, und die in den Satz einmünden: „Liebe hat keinen anderen Wunsch, als sich zu erfüllen."
- Oder das eindrucksvolle Bild vom Weinstock und den Reben aus dem Johannesevangelium, das die Bitte Jesu illustriert: „Bleibt in meiner Liebe!" (Joh 15,1-9)

Dass dieses große Wort ‚Liebe' aber nicht auf Romantik, auf Zweisamkeit und Partnerschaft beschränkt bleiben kann, sondern dass die Liebe zur Grundhaltung in allen Lebensbereichen werden soll; dass sie nicht ein großes Wort bleiben, sondern zur Tat werden soll – das hat so prägnant wie kein anderer Meister Eckhart, der große Mystiker des Mittelalters, formuliert:
„Immer ist die wichtigste Stunde die gegenwärtige.
Immer ist der wichtigste Mensch der, dem du gerade gegenüberstehst.
Immer ist die wichtigste Tat die Liebe."

Dass Liebe mehr ist als Gefühl oder Schwärmerei, mehr als Glück oder Romantik - das hat auch der Psychoanalytiker Erich Fromm deutlich gezeigt: In seinem Büchlein ‚Die Kunst des Liebens' nennt er vier Grundelemente, die für ihn zu echter Liebe gehören: Fürsorge, Verantwortung, Respekt und Wissen.

„Liebe ist die aktive *Fürsorge* für das Leben und das Wachsen dessen, was wir lieben", sagt Fromm; dem anderen das geben, was er braucht, um aufrecht durchs Leben zu gehen - Bestätigung, Aufmunterung, Hilfe, Unterstützung. Eine Mutter, die sich weigert, ihr Kind zu füttern, zu baden und für sein leibliches Wohl zu sorgen, könnte noch so sehr ihre Liebe beteuern - wir würden es ihr nicht glauben.
Fürsorge gehört zu Eurem Leben – allein schon durch Euren Beruf und Eure Arbeit im Krankenhaus, wo Ihr Euch kennen gelernt habt. Fürsorge schwingt nachher mit in Eurem Versprechen, beieinander zu bleiben in guten und in bösen Tagen, in Gesundheit und in Krankheit.

Verantwortung für einen anderen übernehmen - d.h.: Antwort geben auf seine ausgesprochenen und unausgesprochenen Bedürfnisse, antworten auf das, was ich höre und sehe, was ich empfinde oder ahne, antworten auf die Signale, die er mir gibt.
„Du bist zeitlebens für das verantwortlich, was du dir vertraut gemacht hast", lässt St.Exupery den kleinen Prinzen sagen. Ein Satz, den Ihr beide sicher kennt, und der bei Hochzeiten gerne zitiert wird. Einander vertrauen, einander treu sein - das klingt durch im Wort ‚Trauung', in der Bezeichnung für das Fest, bei dem Ihr Eure Verantwortung füreinander öffentlich bestätigt.

Verantwortung „könnte sehr leicht zu Beherrschung und Unterjochung werden, hätte die Liebe nicht eine dritte Komponente: den *Respekt*" - sagt Fromm. Achtung vor der Eigenart der anderen, darauf achten, dass sie nach ihrer eigenen Art wachsen und sich ent-

falten können - und nicht zu dem Zweck, mir zu dienen. Liebe respektiert den Freiraum der anderen.
Achtung voreinander und Wertschätzung des anderen sind Haltungen, die Euch beiden ganz wichtig sind.
Und gegenseitigen Respekt versprecht Ihr Euch auch, wenn Ihr nachher zueinander sagt: „Ich will Dich lieben, achten und ehren."

„Einen Menschen zu respektieren, ist nur möglich, wenn man ihn kennt, wenn man von ihm weiß" - meint Fromm. *Wissen* vom anderen, Interesse an ihm haben und Interessen mit ihm teilen, wissen wollen, wie es ihm geht; verstehen wollen, warum er so denkt oder so handelt; sich hineindenken in seine Situation. Auf diese Weise habt Ihr schon viele gemeinsame Ansichten und einige gemeinsame Vorlieben entdeckt - den Sport, die Natur, das Wandern.
Das Wort ‚Ehe' hängt mit dem Wort ‚echt' zusammen: echt, unverfälscht, ehrlich miteinander umgehen, sich nichts vormachen, einander wissen lassen, was einen bewegt und was man gern hat - auch das gehört zur ‚Kunst des Liebens'.

Fürsorge, Verantwortung, Respekt und Wissen - so füllt Erich Fromm das große Wort ‚Liebe'.
Wir wissen, dass diese vier Grundelemente zu jeder Partnerschaft gehören, und dass unsere Welt anders aussehen könnte, wenn sie unser ganzes Handeln prägen würden.
Wir wissen aber auch, dass der kluge Mann richtig liegt, der einmal gesagt hat: „Der Weg vom Kopf bis zum Herzen beträgt angeblich 30 cm - aber oftmals ist er ein Leben weit."

Ich wünsche Euch beiden, dass es Euch möglichst oft gelingt, diese 30 cm vom Kopf bis zum Herzen zu bewältigen - vom Wissen zum Wollen und zum Tun.

Und ich könnte mir vorstellen, dass ein weises Wort über die Ehe Euch dabei eine kleine Hilfe sein kann: „Die Ehe ist eine Brücke, die man täglich neu bauen muss; am besten von beiden Seiten."
Als solide Bausteine für diesen täglichen Brückenbau empfehle ich mit Erich Fromm Fürsorge, Verantwortung, Respekt und Wissen – damit Liebe nicht nur ein großes Wort bleibt.

Ehe mit Musik (zu Kol 3,12-17 und Mt 22,34-40)

„Der hat immer etwas zu geben, dessen Herz voll ist von Liebe."
„Die Liebe ist das Band, das alles zusammenhält und vollkommen macht."
„Du sollst den Herrn, deinen Gott, lieben – und du sollst deinen Nächsten lieben wie dich selbst."

Gewichtige Sätze und große Worte habt Ihr ausgewählt für Euren Traugottesdienst – einen gewichtigen Satz von Augustinus, ein großes Wort aus dem Kolosserbrief, und das Liebesgebot Jesu, wie es uns der Evangelist Matthäus überliefert hat.
Gewichtige Sätze und große Worte, die den Prediger zu einem romantischen Schwärmen über die Liebe und über vorbildliches christliches Eheleben verleiten könnten.
Und die Gefahr wäre groß, dass nachher draußen vor der Kirche zwei Hochzeitsgäste tatsächlich so miteinander ins Gespräch kämen: „Schön hat er gesprochen von der Liebe und von der Ehe, der Herr Pfarrer" – könnte der eine sagen. Und darauf der andere: „Ja wirklich, sehr schön – ich wollte, ich verstünde genauso wenig von der Sache wie er."

Ich möchte versuchen, dieser Gefahr der großen und romantischen Worte zu entgehen, und ich will Euch einfach drei gute Wünsche für Eure Ehe mit auf den Weg geben. Und da Ihr beide gern singt und

Freude an der Musik oder am Tanzen habt, werde ich diese Wünsche ‚musikalisch' ausdrücken:

Der erste Wunsch ist schon knapp 2000 Jahre alt und stammt von Ignatius von Antiochien: „Nehmt Gottes Melodie in Euch auf!" - wünscht er sich von den ersten Christen. Ich verstehe diesen Wunsch so: Gott will jeder und jedem von uns eine ganz persönliche Lebensmelodie zuspielen. Deshalb höre ganz genau hin, was er Dir an Talenten und Fähigkeiten mitgibt, was er Dir persönlich zutraut, was er gerade Dir ans Herz legen will. Versuche herauszufinden, welche Melodie er speziell für Dich komponiert hat.
Für Euer gemeinsames Leben könnte das heißen: Behaltet Eure persönliche Lebensmelodie bei und freut Euch daran, wie beide harmonieren, sich ergänzen. Wo eine Stimme untergeht, wird es monoton oder falsch. Nur wo beide Melodien klar und sicher klingen, entsteht Harmonie und spannende Polyphonie.
Deshalb: „Nehmt Gottes Melodie in Euch auf!" - bleibt eigenständig, respektiert Eure verschiedene Herkunft, Eure unterschiedlichen Temperamente, Eure persönlichen Wünsche und Eigenarten. Gönnt Euch gegenseitig Freiräume und bleibt Euch bewusst, dass Eure beiden Lebensmelodien gleich wertvoll sind.

Mein zweiter Wunsch ist fast genauso alt wie der erste. Er lautet: „Haltet Euch an Jesus, den zweiten Orpheus!" Das muss ich Euch erklären: Ihr kennt die griechische Sage von Orpheus, der mit seinem unvergleichlichen Gesang und Saitenspiel Mensch und Natur in Bewegung bringt, der mit seiner Musik sogar Totes und Erstarrtes wieder zum Leben erwecken kann. Sicher kennt Ihr auch das Lied von Reinhard Mey: „Ich wollte wie Orpheus singen, dem es einst gelang, Felsen selbst zum Weinen zu bringen durch seinen Gesang."
Die ersten Christen haben die Orpheus-Sage aufgegriffen, um von ihrem Glauben zu erzählen. In den römischen Katakomben hat man ein Bild entdeckt, auf dem Christus mit der Leier in der Hand als Or-

pheus dargestellt ist. Damit wollte man sagen: Er ist der zweite, der wahre Orpheus. Er ist der Spielmann Gottes, der mit seinem Lied die tote Welt zum Leben erweckt. Seine Musik ist - im wahrsten Sinn des Wortes - Programm-Musik für ein gelingendes Leben. Er spielt uns ein Lebensprogramm zu, an dem wir uns orientieren können.
„Haltet euch an Jesus, den zweiten Orpheus!" - das könnte für Euch beide heißen: Macht den Dreiklang, den er anschlägt, zu Eurer gemeinsamen Lebensgrundlage: „Du sollst Gott lieben, und du sollst deinen Nächsten lieben wie dich selbst!" - macht diesen Dreiklang ‚Gottesliebe - Nächstenliebe - Selbstliebe', macht das Evangelium Eures Traugottesdienstes zum Programm Eurer Partnerschaft und Ehe. Mit anderen Worten: Seht das, was Ihr seid und könnt, was Euch verbindet und glücklich macht, nicht in erster Linie als Produkt Eurer eigenen Leistung an, sondern als Geschenk, das Ihr einem anderen verdankt.
Gebt durch Eure Hilfsbereitschaft und Aufmerksamkeit für andere das weiter, was Ihr selbst an Zuwendung und Liebe schon erfahren habt.
Und vergesst den dritten Ton des Dreiklangs nicht - die Selbstliebe: Nehmt Euch selbst an mit allen Unzulänglichkeiten, sagt ja zu Eurem Leben, gönnt Euch etwas und genießt, pflegt Eure Hobbys - denn wer sich selbst nichts gönnt, kann auch anderen nichts gönnen, und wer nicht mehr genießt, wird selbst ungenießbar.
„Haltet Euch an Jesus, den zweiten Orpheus!" - ich kenne kein besseres Programm für ein erfülltes und sinnvolles Leben als den Dreiklang, den er uns zuspielt.

Mein dritter und letzter musikalischer Wunsch ist noch nicht ganz so alt wie die beiden anderen. Er stammt von Franz von Assisi: „Was sind denn", sagt er einmal, „die Christen anderes als Gottes Spielleute, die die Aufgabe haben, das Herz der Menschen aufzurichten und zur Freude hinzubewegen."
Durch die Art und Weise, wie Ihr Eure Partnerschaft lebt, wie Ihr Euer gemeinsames Leben gestaltet, könnt Ihr als ‚Spielleute Gottes' etwas

von seiner Menschenfreundlichkeit in die Welt hineinspielen. So kann dann Eure Ehe wirklich zum Sakrament, zu einem Zeichen werden - dafür, dass nicht Macht und Egoismus das letzte Wort haben, sondern Vertrauen, Hilfe, Respekt und Liebe.
Durch Euer Singen könnt Ihr die Herzen der Menschen zur Freude hinbewegen, und durch Euer Engagement in Kirche und Gemeinde könnt Ihr deutlich zeigen, dass Ihr auf Eure Weise mithelfen wollt, Menschen aufzurichten und ihnen zum Leben zu helfen.
Bleibt Spielleute Gottes, damit sein Liebeslied in der Welt nicht verstummt!

Gottes Melodie in sich aufnehmen und auch in Ehe und Partnerschaft das eigene Profil bewahren.
Sich an Jesus, den zweiten Orpheus, halten und seinen Dreiklang zum Programm eines gemeinsamen Lebens machen.
Als Spielleute Gottes sein Liebeslied in der Welt weiterklingen lassen.
Wenn Ihr Lust darauf habt, diese Wünsche in die Tat umzusetzen, dann könnten andere von Eurer Ehe sagen: „Da ist Musik drin!"

Primiz

Sei ein Narr um Christi willen!
(zu 2 Kor 11,16-19 und Lk 7,31-35)

Viele Leute sagen: Wer heute Priester wird, der ist ein Narr. Und wir, lieber J., liebe Eltern, Verwandte und Freunde, liebe Festgemeinde - wir können diesen Leuten ohne weiteres Recht geben. Wir sollten sogar noch einen Schritt weitergehen und sagen: Wer heute Pfarrer wird, der muss unter allen Umständen ein Narr sein. Oder noch besser: Alle, die den christlichen Glauben ernst nehmen, müssten eigentlich kleine Narren sein. Schließlich wollen wir uns ja an Jesus Christus orientieren, der schon für seine ersten Anhänger so etwas wie ein heiliger Narr gewesen sein muss;
- der wie ein Hofnarr eingefahrene schlechte Sitten verspottet und vor gekrönten Häuptern keine Angst kennt;
- der wie ein wandernder Troubadour keinen Ort hat, wohin er sein Haupt legen kann;
- der wie ein Bänkelsänger Banketts und Partys besucht.

Und schließlich wollen wir uns ja auch an den ersten Glaubenszeugen, an den Aposteln ausrichten,
- die sich selbst, wie Paulus einmal schreibt, als „Narren um Christi willen" bezeichnen;
- die wissen, dass sie in den Augen der Welt als Narren dastehen;
- die aber gleichzeitig davon überzeugt sind, dass sich gerade in ihrer Schwäche Gottes Kraft erweist, wie wir vorher in der Lesung gehört haben.

Wenn ich dir, lieber J., jetzt ein wenig ausmale, was das heißen könnte, Nachfolge Jesu und den Dienst des Priesters als Narrsein zu verstehen; wenn ich dir den Rat gebe: Sei ein Narr um Christi willen! - dann kann ich das, wenn es überzeugend sein soll, auch nur im Stil eines Narren tun, mit einem Schuss hintergründigem Humor, mit ein paar Reimen zu manchen Ungereimtheiten unseres Lebens.

Im Zirkus herrscht ein buntes Treiben,
die Spannung kitzelt Aug' und Ohr,
doch würde alles farblos bleiben,
käm' zwischendurch kein Clown hervor.
Und wenn die Welt, in der wir leben,
oft wie ein großer Zirkus ist,
dann muss es darin Narren geben –
sonst wäre vieles ziemlich trist.
Vor allem ist der Narr im Glauben,
um Christi willen heut' gefragt,
weil er das Hör'n und Seh'n den Tauben
und Blinden neu zu lehren wagt;
weil er den Mut hat, für die Kleinen
und Ungeliebten einzustehen;
weil er uns hilft, mit eignen Beinen
den Weg der Menschlichkeit zu gehen.
Es sind wohl fünf besondre Gaben,
Talente oder Fähigkeiten,
die Narren mitbekommen haben,
uns durch den Zirkus Welt zu leiten.

In diesem Zirkus gibt's Artisten,
die halten es für eine Kunst,
sich in Systemen einzunisten –
vom Leben keinen blassen Dunst.
Sie bau'n Gedankenpyramiden,
wo's auf den Millimeter stimmt,
und sind erst dann mit sich zufrieden,
ist alles schön zurechtgetrimmt.
Gleich einem Drahtseilakrobaten
gehn sie nur stur geradeaus,
und ist einmal ein Schritt missraten,
zerfällt ihr Lebenskartenhaus.

Um viele falsche Sicherheiten
zu stören und zu untergraben,
da braucht es – grad' in unsren Breiten –
die erste von den Narren-Gaben:
die Gabe, selbst ver-rückt zu sein
in dieses Wortes wahrstem Sinn –
ver-rückt zum Sein und weg vom Schein,
ver-rückt zur Lebens-Mitte hin.
Die hat für Christen einen Namen,
den Namen Jesu, unsres Herrn.
Und alle, die ihm näherkamen,
ertragen die Ver-rücktheit gern.
Sie spüren, von ihm infiziert,
da könnte unser Leben glücken.
Und wer's mit ihm einmal probiert,
der will auch andere ver-rücken.
Der will Erstarrtes wieder lösen
und Menschen in Bewegung bringen –
zum Guten hin und weg vom Bösen –
und manchmal wird's ihm auch gelingen.

Drum: Sei ein Narr um Christi willen,
ein Clown im großen Zirkus Welt.
Zeig – mal ganz kräftig, mal im Stillen –
was dich im Leben trägt und hält.

Es wimmelt nur so von Dompteuren
in der Manege unsrer Zeit,
und ihr Kommando überhören
bedeutet meistens Druck und Streit.
Auf ihren Pfiff, ihr Peitschenknallen
soll'n wir vor ihnen Männchen machen,
und wehe, einer zeigt die Krallen –

der hat dann wahrlich nichts zu lachen.
Wir sollen wie dressierte Pferde
in der Arena galoppieren,
und wie die Elefantenherde
ganz brav im Kreis herummarschieren.
Auch auf dem Feld, das Glauben heißt,
gibt es Dompteure, die probieren,
die Taube, unsern Heil'gen Geist,
zur Kunstflugschau zu drangsalieren.
Um diese Arten der Dressur
von Zeit zu Zeit zu unterbinden,
da müsste man im Grunde nur
genügend Clowns und Narren finden,
die Gabe Nummer zwei besitzen:
die Gabe, wirklich frei zu sein,
und die mit Charme und guten Witzen
den Mächtigen der Welt ans Bein
und kräftig an den Karren fahren,
weil sie die Freiheit Jesu spüren;
die fest vertrau'n mit Haut und Haaren:
Der Herr wird uns ins Weite führen.
Wer ganz aus diesem Glauben leben
und seine Welt verändern will,
kann Narren-Freiheit weitergeben,
den andern helfen, Zwang und Drill
nicht widerstandslos zu ertragen,
und nicht zu tanzen, wenn wer pfeift.
Ein Narr kann ohne weit'res wagen,
zu warten, wie ein andrer reift,
wie einer seine Fähigkeiten
und Gaben richtig frei entfaltet,
und dann mit seinen Eigenheiten
sein Leben schöpferisch gestaltet.

Drum: Sei ein Narr um Christi willen,
ein Clown im großen Zirkus Welt.
Zeig – mal ganz kräftig, mal im Stillen –
was dich im Leben trägt und hält.

Es gibt auch viele, die jonglieren,
mit Menschen wie mit Bällen spielen,
sich überall so durchlavieren
und stets auf ihren Vorteil schielen;
die alles durcheinanderwerfen
und durch die Lüfte wirbeln lassen,
um dann mit ihren guten Nerven
das, was sie wollen, zu erfassen;
die keinen Fehler eingestehen
und oft verschleiern, was sie treiben,
um so vom Kopf bis zu den Zehen
als Gentleman geschätzt zu bleiben.
Um diesen komischen Jongleuren
das Leben nicht so leicht zu machen,
ist's gut, zu denen zu gehören,
die über sich auch kräftig lachen.
Das ist die dritte Narren-Gabe,
die manches in Bewegung bringt,
und überhebliches Gehabe
ganz locker in die Knie zwingt.
Ein Narr kann noch so häufig fallen
und Fehler noch und noch begehn.
Mit einem Lächeln zeigt er allen:
„Seht her, ich kann schon wieder stehn!"
Er glaubt, dass Gottes große Kraft
in unsrer Schwachheit sich erweist,
dass Gott das Gute für uns schafft,
dass er uns führt und hält und speist.

Wer diesen Glauben weitergibt,
strahlt etwas aus von Jesu Licht
und zaubert, weil er andre liebt,
ein Lächeln auch in ihr Gesicht.

Drum: Sei ein Narr um Christi willen,
ein Clown im großen Zirkus Welt.
Zeig – mal ganz kräftig, mal im Stillen –
was dich im Leben trägt und hält.

Es hängen manche am Trapez
ganz oben unterm Zirkusdach,
und denken, alles läge stets
ganz unten nur vor ihnen flach.
Sie schweben über unsre Köpfe,
schau'n gern auf uns herab und meinen,
sie wären bessere Geschöpfe
als all die vielen andern Kleinen.
Selbst in der Kirche kann's passieren,
dass über unsre Köpfe weg
ein paar sehr wirkungsvoll agieren
mit kleinen Tricks und manchem Gag.
Zum Glück gibt's da noch unsre Narren,
die Gabe Nummer vier besitzen;
die heißt: am Boden auszuharren
und da zu rackern und zu schwitzen.
Wer diese Gabe hat, steht selten
im Blickpunkt und im Rampenlicht.
Der Beifallssturm wird andern gelten,
und angehimmelt wird er nicht.
Auf keine seiner Aktionen
weist lauter Trommelwirbel hin,
und dennoch will er sich nicht schonen

und schielt auch nicht nach dem Gewinn.
Er geht ganz einfach zu den Kleinen,
zu denen, die am Boden sind.
Er tröstet die, die heimlich weinen,
er sieht den Alten und das Kind.
Wie Jesus bleibt er boden-ständig,
gewinnt an Narren-Sicherheit,
hilft dort, wo Not ist, eigenhändig,
und sagt stets neu: „Ich bin bereit!"
Ich meine fast, gerade heute,
wo viele an die Decke gehen,
da brauchen wir genügend Leute,
die ganz bewusst noch unten stehen.

Drum: Sei ein Narr um Christi willen,
ein Clown im großen Zirkus Welt.
Zeig – mal ganz kräftig, mal im Stillen –
was dich im Leben trägt und hält.

Es gibt dann noch im Zirkusrund
der Welt ein großes Publikum.
Das starrt mit aufgesperrtem Mund
auf die Akteure – und ist stumm.
Zu viele möchten passiv bleiben
und von der Welttribüne sehen,
wie andere im Zirkustreiben
wohl ihre Lebensrunden drehen.
Das ist die Generation,
von welcher Jesus einmal sagt:
„Die motiviert kein Flötenton!",
und über die er sich beklagt.
Die Menschen, meint er, gleichen Kindern,
die oft nicht wissen, was sie sollen,

Praktische Beispiele

die lustlos jedes Spiel verhindern
und so apathisch bleiben wollen.
Um diese sturen, satten Massen
aus ihrer Lethargie zu wecken,
da braucht's schon Narren aller Rassen,
die Gabe fünf bei sich entdecken:
Die Gabe, unbeschwert zu träumen
und Utopien zu entfalten;
die Gabe, ja nichts zu versäumen,
dass Neues wächst aus allem Alten.
Wir brauchen Menschen, die sich wehren,
Gewohntes einfach fortzuschreiben,
die nicht von Altbekanntem zehren
und unbeweglich sitzen bleiben.
Wir brauchen welche, die probieren,
uns mit dem Evangelium
und seinem Traum zu faszinieren;
die zu uns sagen: „Seid nicht dumm!
Kommt, spielt mit uns das Spiel des Lebens,
baut mit am neuen Menschenhaus!
Plagt euch doch nicht allein – vergebens,
lasst das, was in euch steckt, heraus."

Drum: Sei ein Narr um Christi willen,
ein Clown im großen Zirkus Welt.
Zeig – mal ganz kräftig, mal im Stillen –
was dich im Leben trägt und hält.

Lieber J.,
du hast eine ganze Menge von diesen fünf Gaben eines Narren um Christi willen mitbekommen:
-   die Gabe, ver-rückt zu sein, in die Nähe Jesu gerückt zu sein;

- die Gabe, frei zu sein, eine Spur Ge-löstheit, die ein äußeres Zeichen ist für das Geschenk der Er-löstheit;
- die Gabe, über sich zu lachen, nicht alles so tierisch ernst zu nehmen;
- die Gabe, auf dem Boden zu bleiben und nach denen zu schauen, die am Boden sind;
- die Gabe, zu träumen und Möglichkeiten zu entdecken, wie ein Stück Himmel bei uns Wirklichkeit werden kann.

Lieber J., spiel diese Gaben aus. Du hast sie bekommen, um sie weiterzugeben. Ich wünsche dir dabei immer mehr Mitspieler und immer weniger Zuschauer.

Meine Stärke und mein Lied ist der Herr
(zu Ps 118,14)

„Welche Priestertierchen finden wir in der Arche, die wir Kirche nennen?" - fragt Bernhard Häring, einer der bekanntesten Theologen des letzten Jahrhunderts. Und dann beschreibt er humorvoll und treffend anhand von „mehr oder weniger lieblichen Tierlein" verschiedene Typen von Seelsorgern, z.B.
- den Gockel auf dem Misthaufen, den farbenprächtigen Möchtegern-Prälaten, der hochnäsig auf die Kleinen herabschaut und seine Weisheiten in die Welt hineinkräht;
- das furchtsame, scheue Tierlein, den ängstlichen Seelsorger, bei dem nichts vom Geist der Freiheit zu spüren ist, und der sich von jeder kirchlichen Autorität einschüchtern lässt.
- Außerdem entdeckt er in der Arche der Kirche ein lustiges Tier, den lebensfrohen Priester, der sich selbst nicht so wichtig nimmt und andere mit seinem erlösenden Lachen ansteckt;
- aber auch das wenig beliebte Stinktier, den pessimistischen Priester, der mit saurem Gesicht über die schlechte Welt klagt und mit seiner negativen Einstellung die Atmosphäre um sich herum verpestet.

Auch für dich, lieber M., für deine Vorstellungen von der Aufgabe eines Seelsorgers hat Bernhard Häring in der Arche der Kirche ein liebenswertes Tierlein entdeckt: den Singvogel, den Menschen „mit einem musischen Herzen", der „immer neue Anlässe" findet, „einen Lobpsalm zu verfassen", der in seinem Tun und Reden die frohe Botschaft durchklingen lässt, der „kein Routinier und kein Kopfhänger" ist, sondern ein „unermüdlicher Musikant", der in den verschiedensten Situationen das Lied des Evangeliums anstimmt. (1)

Dass du zum Priestertyp des Singvogels gehörst, zeigt deine Lebensgeschichte, deine Liebe zur Musik, dein Talent, mit der Sprache der Töne die Botschaft Jesu weiterzuerzählen.
Dass du im guten Sinn ein ‚Singvogel' bist, zeigst du uns jetzt durch die musikalische Gestaltung deines Primizgottesdienstes, durch die Auswahl der Bibeltexte, durch dein Primizbild von Sieger Köder, auf dem König David als Harfenspieler und Liedermacher dargestellt ist, und nicht zuletzt durch deinen Primizspruch: „Meine Stärke und mein Lied ist der Herr".

„Mein Lied ist der Herr" - diesen Satz müssen wir auf uns wirken lassen. Denn er enthält ein außergewöhnliches Gottesbild. Der Herr ist mein Hirte, der Herr ist mein Fels und meine Burg, Gott ist wie ein Vater, wie ein König - das alles sind bekannte und vertraute Gottesbilder. Aber „Mein Lied ist der Herr" - das lässt aufhorchen, das macht neugierig. Gott wie ein Lied, das uns erfreut und beschwingt, wie ein ‚Ohrwurm', der uns durch den ganzen Tag begleitet, wie eine Erkennungsmelodie, die uns auf Wichtiges aufmerksam macht, wie ein Evergreen, das sich nicht abnützt - dieses Gottesbild reizt zum Weiterdenken und zum Ausmalen. Und es lädt dazu ein, Leben und Aufgabe des Priesters einmal im Bild der Musik zu beschreiben. Genau das möchte ich jetzt versuchen. Ich möchte - ausgehend von Deinem Primizspruch - ein Idealbild, ein Leitbild des Seelsorgers skizzieren und dir drei ‚musikalische' Wünsche mit auf den Weg geben.

Mein erster Wunsch: Bleibe ein Hörer des Gottesliedes!
„Nehmt Gottes Melodie in euch auf" - das hat Ignatius von Antiochien am Ende des 1. Jahrhunderts den Christen in Ephesus ans Herz gelegt. Und er wollte ihnen damit sagen: Gott hat jeder und jedem von euch eine Lebensmelodie zugedacht. Du kannst sie entdecken, wenn du hinhörst auf das, was die Mitmenschen dir an Fragen und Bitten, an aufmunternden und dankbaren Worten zuspielen. Du kannst deine Lebensmelodie hören, wenn du dich in die Partitur des Evangeliums hineinliest, wenn du spürst, welche Worte dir ganz persönlich gelten.
Du, lieber M., hast im Lauf Deines Lebens aus ganz verschiedenen Themen und Motiven die Lebensmelodie zusammengesetzt, komponiert, die Gott sich für dich ausgedacht hat. Und du kannst dieses Gotteslied in den verschiedensten Situationen deines Lebens hören.
Wenn du unruhig, unsicher und auf der Suche bist, dann hörst du es als Heimatlied. Es singt von Vertrauen und Gelassenheit, von der Freude, einen festen Halt zu haben, wenn menschliche Stützen brüchig werden. Es singt davon, dass unser Leben einen letzten Sinn, einen tiefen Grund hat, dass wir geliebt und angenommen sind.
Wenn du enttäuscht, resigniert und müde bist, dann hörst du dieses Gotteslied als Wanderlied. Es schickt dich wieder auf den Weg, ermuntert zu neuen Schritten, zum Weitergehen, es schenkt Frische und neue Kraft.
Wenn du siehst, wie in deiner Umgebung Menschen benachteiligt, ausgegrenzt und ungerecht behandelt werden, dann hörst du das Gotteslied als *Protestlied*. Es weckt dich auf und provoziert dich, dich an die Seite der Armen und Wehrlosen zu stellen.
Lieber M., ich wünsche dir: Bleibe ein Hörer des Gottesliedes!

Mein zweiter Wunsch: Sei ein Vorsänger des Gottesliedes!
„Was sind denn", sagt Franz von Assisi einmal, „die Knechte Gottes anderes als seine Spielleute, die die Aufgabe haben, das Herz der Menschen aufzurichten". Franz sieht sich selbst und jeden Christen als Spielmann, als fahrenden Sänger, der die Melodie Gottes nicht

für sich behalten kann, sondern sie in die Welt hineinspielen muss als frohe Botschaft für alle Menschen.

Du, lieber M., bist ein Vorsänger des Gottesliedes, wenn du mit deiner Gemeinde Gottesdienst feierst, wenn du andere zum Singen und Beten, zum Loben und Danken, zum Bitten und Klagen vor Gott einlädst. Durch dich, durch die Art und Weise, wie du predigst, betest und die Liturgie gestaltest, kann das Lied unseres befreienden und rettenden Gottes weiterklingen.

Du bist ein Vorsänger des Gottesliedes, wenn du anderen erzählst, was die Geschichten und Gleichnisse Jesu für dich bedeuten, wenn du in Bibel- und Gesprächskreisen deine Glaubenserfahrungen weitergibst. Durch dich, durch die Art und Weise, wie du Leben und Evangelium miteinander in Verbindung bringst, kann das Lied unseres tröstenden und heilenden Gottes in der Welt weiterklingen.

Du bist ein Vorsänger des Gottesliedes, wenn du Kranke besuchst und Trauernde in ihrem Schmerz nicht allein lässt, wenn du ein waches Auge und ein offenes Ohr hast für die leiblichen und seelischen Nöte in deiner Umgebung. Durch dich, durch die Art und Weise, wie du auf Menschen zugehst, kann das Lied unseres treuen und barmherzigen Gottes in der Welt weiterklingen.

Lieber M., ich wünsche dir: Sei ein Vorsänger des Gottesliedes!

Mein dritter und letzter Wunsch: Werde ein Gesangslehrer des Gottesliedes!

Bleibe kein Solist, sondern suche Mitsängerinnen und -sänger! Hilf anderen, mit dir zusammen das Gotteslied anzustimmen! Begeistere andere für dieses Lied!

„Nehmt Gottes Melodie in euch auf" - sagt Ignatius. Und er fährt fort: „So werdet ihr alle zusammen zu einem Chor, und in eurer Eintracht und zusammenklingenden Liebe ertönt durch euch das Lied Jesu Christi".

Damit unsere Gemeinden zu solchen Chorgemeinschaften werden können, brauchen sie dreierlei:

Zum einen: *Gehörbildung.* Eine Aufgabe des Seelsorgers ist es, das Gehör der Menschen zu schärfen,
- dass sie in ihrem Leben das Lied Gottes hören;
- dass sie entdecken, welche Melodie Gott ihnen zuspielt, welchen Weg er mit ihnen gehen will;
- dass sie wahrnehmen, welche Berufung sie haben, welche Talente und Fähigkeiten in ihnen angelegt sind.

Zum anderen brauchen die Chöre unserer Gemeinden Stimmbildung. Deshalb ist eine weitere Aufgabe des Seelsorgers, mitzuhelfen,
- dass möglichst viele ihre Stimme kultivieren und weiterentwickeln, um auf ihre Weise das Gotteslied zu singen;
- dass viele den Mund aufmachen für die Sache Jesu, also im wahrsten Sinn des Wortes ‚mündige' Christen werden;
- dass viele ihre Stimme halten können, dass sie sicher und mutig werden und sich durch Misstöne und ablenkende Geräusche nicht irritieren lassen.

Und schließlich brauchen die Chöre unserer Gemeinden Chorleitung. Eine wichtige Aufgabe des Seelsorgers ist es, darauf zu achten,
- dass sich gut ergänzt, was die einzelnen singen und ins Gemeindeleben einbringen;
- dass aus den vielen Stimmen eine Symphonie, ein harmonischer Zusammenklang wird;
- dass die Polyphonie, die Vielstimmigkeit nicht zum Chaos führt, sondern als Bereicherung erlebt wird, dass die Charismen der einzelnen zum Wohl aller eingesetzt werden.

Lieber M., ich wünsche dir: Werde ein Gesangslehrer des Gottesliedes! Gebrauche deine Fähigkeiten in Gehörbildung, Stimmbildung und Chorleitung, damit das Lied unseres Gottes in der Welt nicht verstummt.

„Der Vogel lässt das Singen nicht" - So lautet der Titel eines Films über einen eigenwilligen und humorvollen schwäbischen Pfarrer.

Praktische Beispiele

Wenn du, lieber M., dich dem Priestertyp ‚Singvogel' zurechnest, dann hoffen wir, dass dieser Satz auch für dich gilt:
- dass Du das Singen nicht lässt - im wörtlichen und übertragenen Sinn,
- dass Du mit Deiner Musik andere ansteckst und begeisterst,
- und dass Gott Deine Stärke und Dein Lied bleibt.

(1) Aus: Bernhard Häring, Heute Priester sein, Verlag Herder, Freiburg i. Br. 1995, 131-149

Beerdigung

Wir sind nur Verwalter
(für ein Kind zu Joh 6,37.39-40)

„Man soll das Sterben nicht zerreden, aber man soll es auch nicht aus Furcht vor dem Tod totschweigen!" - Diesen Rat gibt ein Theologe unserer Tage allen, die etwas sagen müssen im Angesicht des Todes, an einem Sarg, auf einem Friedhof.
„Man soll das Sterben nicht zerreden!"
Zerreden - das hieße:
- zu viele Worte machen, wo eigentlich Schweigen und Stille ihren Platz hätten;
- Erklärungen versuchen, die alle hohl und leer klingen und letztlich doch keine Antwort auf die ‚Warum-Frage' geben;
- allzu vollmundig von Auferstehung und ewigem Leben sprechen, wo Schmerz und Trauer vorerst nur ganz winzige Hoffnungsschimmer zulassen.

Wir können das Sterben zerreden, wenn wir uns die Sprachlosigkeit und Hilflosigkeit nicht eingestehen, mit der wir den Tod von P. und den Tod anderer Menschen hinnehmen müssen.
„Aber man soll es auch nicht aus Furcht vor dem Tod totschweigen!"
- das war der zweite Teil unseres Satzes.
Wir dürfen den Tod nicht totschweigen,
- weil er sonst Macht über uns gewinnt;
- weil wir sonst ihm allein das Feld überlassen;
- weil es dann auch für uns selbst keine Perspektive mehr gibt.

Zwischen Zerreden und Totschweigen steht für mich die Geschichte, die ich Euch und Ihnen jetzt erzählen will - eine Geschichte, in der manche Gedanken anklingen, die viele von uns in den letzten Tagen bewegt haben:

Praktische Beispiele

Ein jüdischer Rabbi saß eines Tages im Hörsaal und hielt einen Vortrag. Während dieser Zeit starben seine zwei Söhne. Seine Frau legte ein Tuch über sie, und als am Ende des Sabbats der Rabbi nach Hause kam und sich nach den beiden Söhnen erkundigte, sprach die Mutter: „Sie sind unterwegs!"

Dann trug sie ihrem Mann Speise auf, und nachdem der Rabbi gegessen hatte, sagte er abermals zu seiner Frau: „Wo sind nun meine beiden Söhne - unterwegs wohin?" Die Frau antwortete: „Vor langer Zeit kam ein Mann und gab mir etwas zum Aufbewahren. Jetzt kam er wieder, um es abzuholen. Ich habe es ihm gegeben. War das richtig, Rabbi, so zu handeln?" Der Rabbi sagte: „Wer etwas zum Aufbewahren erhalten hat, muss es seinem Eigentümer zurückgeben, wann immer dieser es zurückhaben möchte." „Genau das habe ich getan", sagte die Mutter der beiden Söhne. - Dann führte sie den Rabbi hinauf ins Obergemach, zog das Bettuch weg und zeigte ihm die Toten ... Da fing der Rabbi an zu weinen. Seine Frau fasste ihn am Arm und sprach: „Rabbi, du hast mir doch gesagt, dass wir das Aufbewahrte seinem Eigentümer zurückgeben müssen, wann immer er es zurückhaben möchte!?"

Da sah der Rabbi ein, dass seine Frau recht hatte, und er hörte auf, über den Tod seiner Söhne zu weinen.

(nach Adalbert Ludwig Balling)

In dieser Geschichte klingt für mich zum einen die Erkenntnis an,
- dass unser Leben immer eine Leihgabe bleibt,
- dass wir nicht nach unserem Belieben darüber verfügen können,
- dass ein anderer unsere Lebenszeit bemisst - nach welchem Maßstab, weiß niemand von uns.

Diese Erkenntnis verlieren wir immer wieder aus dem Blick, und sie kommt uns oft erst dann schmerzlich und hart wieder ins Bewusstsein,
- wenn wir loslassen müssen,
- wenn wir Abschied nehmen müssen,
- wenn wir Leben wieder aus der Hand geben müssen.

„Er war Dein Geschenk an uns auf Zeit, Herr" - steht über der Todesanzeige von P. Ich wünsche Ihnen, liebe Familie M. und uns allen, dass wir auch in den dunklen Stunden so beten können.

In dieser Geschichte schwingt für mich zum anderen aber auch eine Hoffnung mit - die Hoffnung,
- dass der, der das Leben gibt, es auch wieder in Empfang nimmt,
- dass P. bei dem angekommen ist, der ihn uns geschenkt hat.

Der Dichter Ludwig Uhland beschreibt diese Hoffnung so:
„Du kamst, du gingst mit leiser Spur,
ein flücht'ger Gast im Erdenland.
Woher? Wohin? Wir wissen nur:
Aus Gottes Hand, in Gottes Hand."
„Schweren Herzens legen wir ihn in Deine liebenden Hände zurück" - haben Sie geschrieben. Ich wünsche Ihnen, liebe Familie M. und uns allen, dass wir in diesem Vertrauen und mit dieser Hoffnung von P. Abschied nehmen können.

Und schließlich entdecke ich in dieser Geschichte noch eine Spur der Dankbarkeit: Wenn die Tränen des Rabbi getrocknet sind, dann kann er dankbar auf das zurückschauen, was seine Söhne ihm geschenkt haben in der kurzen Zeit, in der Gott sie ihm und seiner Frau anvertraut hat.

„Mitten heraus aus fröhlichen, unbeschwerten Ferientagen bist Du mit einem Lachen von uns gegangen" - dieser Satz in P.s Todesanzeige lässt uns ahnen, dass der Schmerz Ihnen, liebe Familie M., nicht die Augen verschlossen hat für die Freude, die P. in Ihr Leben gebracht hat. Ich wünsche Ihnen und uns allen, dass wir auch in der Trauer dankbar an die frohen und sonnigen Stunden denken können, die wir mit P. erlebt haben.

„Man soll das Sterben nicht zerreden, aber man soll es auch nicht aus Furcht vor dem Tod totschweigen!"

- Wir müssen vor dem Tod nicht verstummen, weil wir Geschichten haben, die uns aufrichten und trösten können.
- Wir müssen auch vor dem Tod von P. nicht verstummen, weil wir uns Geschichten aus seinem Leben erzählen können, in denen seine Fröhlichkeit, seine Offenheit, seine Bescheidenheit und seine vielseitigen Begabungen für uns greifbar und spürbar bleiben.
- Wir müssen vor dem Tod nicht verstummen, weil wir die Geschichte Jesu kennen und weil wir ihm vertrauen, wenn er uns Auferweckung und ewiges Leben verspricht - so wie in den folgenden Sätzen des Johannes-Evangeliums:

Jesus sagte zu seinen Jüngern: „Alle, die der Vater mir gibt, werden zu mir kommen ... Der Wille dessen, der mich gesandt hat, verlangt, dass ich keinen von denen, die er mir gegeben hat, verliere, sondern dass ich sie auferwecke am Letzten Tag. Denn der Wille meines Vaters verlangt, dass alle, die den Sohn sehen und an ihn glauben, das ewige Leben haben ..." (Joh 6,37.39-40)

Trauern mit Hoffnung (zu 1 Thess 4,13-14.17b-18)

Es ist immer schwer, von einem Menschen Abschied zu nehmen, der uns nahe stand - von einer Mutter, mit der man eng verbunden war, der man eine gute christliche Erziehung und vieles andere verdankt, von einer Schwiegermutter und Großmutter, von einer Schwester, Verwandten oder Freundin.
Betroffenheit vom hautnah miterlebten Nachlassen der Kräfte und vom Sterben dieses Menschen, Trauer über den Verlust und Angst vor dem eigenen Tod lassen sich nicht verdrängen.

Aber es liegt auch immer ein Schimmer von Hoffnung über der Trauerfeier für einen Menschen,
-   der ganz aus der Kraft des Glaubens gelebt hat,

- der in der Gemeinschaft der Kirche eine Heimat gefunden hat,
- der auf ein erfülltes Leben für die Familie und für andere zurückblicken konnte.

Deshalb darf auch heute, bei der Trauerfeier für Frau S., die Hoffnung im Vordergrund stehen; das Vertrauen, dass dieses Leben ganz bei Gott angekommen ist.
Mir ist dazu eine kleine Geschichte in den Sinn gekommen:

Ein Hirt saß bei seiner Herde am Ufer eines großen Flusses, der am Rande der Welt fließt. Wenn er Zeit hatte, schaute er über den Fluss und spielte auf seiner Flöte. Eines Abends kam der Tod über den Fluss herüber und sprach: „Ich komme und möchte dich mitnehmen. Ich möchte dich mitnehmen auf die andere Seite des Flusses. Hast du Angst?" „Warum Angst?", fragte der Hirte, „ich habe immer hinübergeschaut, seit ich hier bin. Ich weiß, wie es dort ist." Da legte ihm der Tod die Hand auf die Schulter, und der Hirt stand auf. Dann nahm ihn der Tod an die Hand und fuhr mit ihm über den Fluss ... . Das Land am anderen Ufer war ihm nicht fremd, dem Hirten. Und die Töne seiner Flöte, die der Wind hinübergetragen hatte, waren noch da.

Ich glaube, diese Geschichte passt gut zum Leben von Frau S. „Hast du Angst vor dem Tod?" – „Warum Angst? Ich habe immer hinübergeschaut, seit ich hier bin."
Frau S. hat hinübergeschaut,
- wenn sie die Eucharistie mitgefeiert und sich dabei in das Leben und Sterben Jesu vertieft hat;
- wenn sie Sonntag für Sonntag im Glaubensbekenntnis gesprochen hat: „Ich glaube an die Auferstehung der Toten";
- wenn sie sich im Gebet Mut und Zuversicht schenken ließ.

Sie hat hinübergeschaut. Sie hat darauf vertraut und daran geglaubt, dass es das jenseitige Ufer gibt, und dass sie dort erwartet wird. Und dieser Glaube hat ihr Kraft auch in den schweren Stunden gegeben.

Sie hat über den Fluss geschaut und hat durch ihren Einsatz für die Familie, durch ihr Engagement für andere, durch ihre Mitarbeit in der Gemeinde, durch ihr Interesse am Zeitgeschehen, durch ihre Freude an der Kunst und an der Natur die Melodie ihres Lebens ans jenseitige Ufer hinübergespielt. Und als Christen sind wir überzeugt, dass diese Töne da sein werden, dass die Töne ihres Lebens bei Gott angekommen sind, dass bei ihm kein Ton ihrer Lebensmelodie verlorengegangen ist, dass ihr Leben vor ihm einen guten Klang hat.

„Hast du Angst vor dem Tod?" – „Warum Angst? Ich habe immer hinübergeschaut, seit ich hier bin." Der Tod eines Menschen, der uns nahe stand, kann auch uns dazu bringen, hinüberzuschauen, das Abschiednehmen einzuüben, loszulassen, uns wieder bewusst zu machen: das Leben ist Geschenk, wir dürfen es dankbar annehmen und seine Möglichkeiten ergreifen, können es aber nicht festhalten.

„Ich habe immer hinübergeschaut, seit ich hier bin." Wenn wir das von uns sagen können, könnte die Angst vor unserem eigenen Tod eine Spur geringer werden, und wir könnten beim Tod eines anderen Menschen zu einer Haltung finden, die Paulus als ‚Trauern mit Hoffnung' bezeichnet. In seinem ersten Brief an die Thessalonicher schreibt er (1 Thess 4,13-14.17b-18):

Brüder und Schwestern, wir wollen euch über die Verstorbenen nicht in Unkenntnis lassen, damit ihr nicht trauert wie die anderen, die keine Hoffnung haben. Wenn Jesus – was wir glauben – gestorben und auferstanden ist, dann wird Gott auch um Jesu willen die Verstorbenen mit ihm vereinen. Dann werden wir immer beim Herrn sein. Tröstet einander also mit diesen Worten!

Ein Koffer für die letzte Reise
(zu 1 Thess 4,13-14.17b-18)

Vor einiger Zeit ist ein Buch erschienen, dessen Titel mich neugierig gemacht hat: „Einmal Jenseits und zurück." Der Untertitel: „Ein Koffer für die letzte Reise." Dieses Buch dokumentiert eine Aktion des Trauerbegleiters Fritz Roth: Er hat hundert Menschen mit der aufrüttelnden Frage konfrontiert: „Was würden Sie in einen Koffer für die letzte Reise packen?" Hundert Frauen und Männer, Alte und Junge, Künstler und Handwerker, Prominente und Nichtprominente hat er gebeten, ihm ihren persönlichen letzten Koffer zu schicken und für eine Ausstellung zur Verfügung zu stellen.

Manche fanden diese Anfrage befremdlich und haben den Koffer leer zurückgeschickt mit der Bemerkung: „Auf die letzte Reise kann man doch nichts mitnehmen!"

Aber die meisten haben das Anliegen erkannt, das hinter Fritz Roths Anfrage steht: Sie haben sich überlegt:
- Was ist denn wertvoll und wichtig in meinem Leben – wenn ich auf das Ende schaue?
- Was hat denn Bestand von dem, was ich bin, was ich leiste – auch über den Tod hinaus?
- Was bedeutet mir wirklich etwas – egal, ob ich es nun mitnehmen kann oder nicht?
- Wie sieht angesichts des Todes meine Lebensbilanz aus?

Und sie haben ihre Koffer mit Erinnerungsfotos, Briefen, Andenken oder symbolischen Gegenständen gefüllt – ganz individuell.

Was hätte G. W. wohl in seinen Koffer gepackt? Ich habe ihn persönlich leider nicht gekannt, aber Sie, liebe Frau W., und Kollegen haben so lebendig von ihm erzählt, dass ich zumindest ahnen kann, was ihm auf seiner Lebensreise wichtig war, was ihn geprägt hat, was einfach zu ihm gehört.

Wahrscheinlich hätte er einen *Kompass* in seinen Koffer gelegt: Nicht nur, weil er ein begeisterter Seefahrer und Kapitän war, sondern auch, weil sein Leben eine klare Richtung hatte – geprägt von seinem Gerechtigkeitssinn, seiner Geradlinigkeit, seiner Ehrlichkeit und Direktheit; weil er mit seiner natürlichen Autorität und mit seiner Führungsstärke anderen den Weg weisen konnte – angefangen von seiner Kindheit und Jugend als Klassensprecher und Schulsprecher bis hin zu seiner letzten Aufgabe.

Vielleicht hätte G. W. auch ein *Fernglas* eingepackt – als Zeichen für den Blick nach vorne, für seinen Optimismus, den er nie verloren hat; als Zeichen aber auch für seine klare Sicht der Dinge. Weil er um die Schwere seiner Krankheit wusste, hat er die letzten Monate seines Lebens ganz bewusst gestaltet und sich dabei an einen Rat des deutschen Dichters Gorch Fock gehalten, nach dem sein Ausbildungsschiff benannt ist: „Du kannst dein Leben nicht verlängern, wohl aber vertiefen." Das hat er getan, indem er andere Kranke getröstet und ermutigt hat, wieder in die Zukunft zu schauen; indem er sich bis zuletzt um seine Frau gesorgt hat; indem er sich kurz vor seinem Tod von engen Freunden und Verwandten verabschiedet hat; indem er die letzten Tage zu Hause verbringen wollte; indem er gefasst und vertrauensvoll – ohne Bitterkeit oder Angst – auf den Tod zuging.

Das Büchlein „Der Dativ ist dem Genitiv sein Tod" hätte sicher auch einen Platz in seinem Koffer gefunden – ein Symbol für seine besondere Art von Humor, für seine Freude an der Sprache mit all ihren Nuancen, für seine Gedichte zu verschiedenen Festen und Gedenktagen.

Nicht fehlen dürfte wahrscheinlich auch ein kleiner *Golfball* – als Hinweis auf das Hobby, das er erst vor kurzem mit viel Elan begonnen hat, und stellvertretend für die vielen anderen Freizeitbeschäftigungen, an denen er sich erfreuen konnte – von der Modelleisenbahn über das Photographieren bis hin zum Skifahren.

Und ganz oben hin in seinen Koffer würde er wohl eine *Rose* legen.
„Das größte Glück des Lebens besteht darin, geliebt zu werden, geliebt um seiner selbst willen, vielleicht sogar trotz unserer selbst."
Dieser Satz von Victor Hugo steht nicht umsonst als Überschrift über seiner Todesanzeige. Seine Hilfsbereitschaft und Warmherzigkeit, die 10 Ehejahre, in denen er „die Erfüllung seines Lebens" gesehen hat – an all das erinnert diese Rose. Sie steht für den Maßstab, an dem unser Leben letztlich gemessen wird: „Das einzig Wichtige im Leben sind die Spuren von Liebe, die wir hinterlassen, wenn wir ungefragt weggehen und Abschied nehmen müssen" – sagt Albert Schweitzer, der große Arzt und Theologe.

Kompass, Fernglas, ein Büchlein, Golfball und Rose – sicher entdecken Sie noch vieles andere im Reisegepäck von G. W.
Vielleicht hat sich aber auch bei Ihnen schon die Frage eingestellt: Und welches Gepäck trage ich auf meiner Lebensreise bei mir? Denn der Tod eines lieben Menschen konfrontiert uns alle ja mit unserer eigenen Endlichkeit und mit der Überlegung: Was ist denn wichtig in meinem Leben? Was hat Bestand? Was zählt? Was hat bleibenden Wert – oder was hat sich an Oberflächlichem bei mir eingeschlichen?

Was wir im Lebenskoffer von G. W. vermuten, was Sie an ihm geschätzt haben – das ist sein Vermächtnis an uns. Und was ihn zu gerade diesem Menschen mit unverwechselbarem Profil gemacht hat, das hat auch vor Gott Bestand. Das geht nicht verloren. Deshalb können wir bei allem Schmerz über seinen viel zu frühen Tod, bei aller Klage über den Verlust vielleicht langsam zu einer Haltung finden, die Paulus als ‚Trauern mit Hoffnung' bezeichnet. In seinem 1. Brief an die Thessalonicher schreibt er:

Brüder und Schwestern, wir wollen euch über die Verstorbenen nicht in Unkenntnis lassen, damit ihr nicht trauert wie die anderen, die keine Hoffnung haben. Wenn Jesus – was wir glauben – gestorben und auferstanden ist, dann wird Gott auch um Jesu willen die Verstorbenen mit ihm vereinen. Dann werden wir immer beim Herrn sein. Tröstet einander also mit diesen Worten!

Er war ein Suchender (zu Ps 24,3-6)

Wenn wir von einem Menschen Abschied nehmen, der uns etwas bedeutet hat - von einem Ehemann, von einem Vater, Schwiegervater oder Großvater, von einem Bruder, Verwandten oder guten Freund - dann kreisen unsere Gedanken um das Leben dieses Menschen. Dann überlegen wir uns:
- Was war wichtig oder beeindruckend in diesem Leben?
- Was verdanken wir dem Verstorbenen?
- Wie wird er uns in Erinnerung bleiben?
- Wie hat er selbst sein Leben verstanden, was hat er gedacht und gefühlt, was hat ihn beschäftigt?

Sie, die engsten Angehörigen von M. M., haben eine Charakterisierung gefunden, der er selbst sicher auch zugestimmt hätte: „Er war der Suchende", haben Sie mir gesagt. Bis zu seinem Tod war er auf der Suche nach einem Sinn, nach einem Ziel in seinem Leben. Mit vorschnellen und oberflächlichen Antworten auf die Sinnfrage hat er sich nicht zufrieden gegeben - auch nicht mit den Antworten des Glaubens, die ihm nicht tief genug gingen. Er meinte zwar, die Gläubigen hätten es leichter im Leben, weil sie ihre Antwort schon gefunden hätten, während sich die anderen noch quälen müssten - aber ein Glaube gegen seine nüchterne Vernunft konnte für ihn kein Trost sein.

Als Mensch, der einen Zug besteigt, hat er sich selbst einmal beschrieben - als Reisender auf einem Bahnhof, der genau in den Zug steigt, an dem kein Schild mit einem Zielbahnhof zu sehen ist.

Ich habe einen Tagebucheintrag des Dichters Christian Morgenstern gefunden, der auch sein ganzes Leben als Suche empfand, und der dafür ein sehr treffendes Bild gefunden hat:
„Ich bin wie eine Brieftaube", schreibt er, „die man ... in ein fernes Land getragen und dort freigelassen hat. Sie trachtet ihr ganzes Leben nach der einstigen Heimat, ruhlos durchmisst sie das Land nach allen Seiten. Und oft fällt sie zu Boden in ihrer großen Müdigkeit, und man kommt, hebt sie auf und pflegt sie und will sie ans Haus gewöhnen. Aber sobald sie die Flügel nur wieder fühlt, fliegt sie von neuem fort, auf die einzige Fahrt, die ihrer Sehnsucht genügt, die unvermeidliche Suche nach dem Ort ihres Ursprungs."

Friedrich Nietzsche, mit dessen Gedanken sich Herr M. intensiv auseinandergesetzt hat, charakterisiert sein Leben ebenfalls als ‚Brieftauben-Existenz', als rastlose Suche nach dem Gott, von dem er weggekommen ist und doch nicht loskommt. Die letzte Strophe seines Gedichts „Dem unbekannten Gott" lautet:
„Ich will dich kennen, Unbekannter,
du tief in meine Seele Greifender,
mein Leben wie ein Sturm Durchschweifender,
du Unfassbarer, mir Verwandter!
Ich will dich kennen, selbst dir dienen."

Und mit diesem Wunsch ist Nietzsche schon ganz nahe beim großen Kirchenlehrer Augustinus, für den Glaube nicht fester Besitz war, sondern ein lebenslanger Suchprozess: „Unruhig ist unser Herz, bis es ruht in dir, Gott!"
Glauben heißt nicht: auf alle Lebensfragen fertige Antworten haben, blindes Vertrauen, auf vernünftiges Nachdenken verzichten.
Glauben heißt: nach der Wahrheit suchen, sich wie der Apostel Thomas durchfragen und durchzweifeln.
Und glauben heißt hoffen, dass all unser Suchen und Fragen letztlich in Gott sein Ziel findet.

Und das hoffen wir auch für M. M.:
dass sein Lebenszug an diesem Ziel angekommen ist;
dass er, wie eine Brieftaube, nach der einzigen Fahrt, die seiner Sehnsucht genügte, nach langer und rastloser Suche endlich seine Heimat gefunden hat;
dass aus dem unbekannten Gott, nach dem er letztlich gefragt hat, jetzt ein bekannter, ein liebender, ein treuer Gott geworden ist;
dass sein unruhiges Herz jetzt in Gott Ruhe und Frieden gefunden hat.
Das ist auch die Hoffnung, von der einige Verse des 24. Psalms sprechen:

„Wer darf hinaufziehn zum Berg des Herrn,
wer darf stehn an seiner heiligen Stätte?
Der reine Hände hat und ein lauteres Herz,
der nicht betrügt und keinen Meineid schwört.
Er wird Segen empfangen vom Herrn
und Heil von Gott, seinem Helfer.
Das sind die Menschen, die nach ihm fragen,
die dein Antlitz suchen, Gott Jakobs."

Singen wir, was das Leben von M. M. und auch unser eigenes Leben treffend charakterisiert: „Wir sind nur Gast auf Erden, und wandern ohne Ruh, mit mancherlei Beschwerden, der ewigen Heimat zu."

Zu verschiedenen Anlässen

Interview mit Thomas (Thomas-Messe)

Thomas ist für mich eine der interessantesten Gestalten aus dem Umfeld Jesu. An vier Stellen im Johannesevangelium spielt er eine besondere Rolle – und zweimal begegnet er uns dabei als Fragender und Zweifelnder: Als Jesus sich im Abendmahlssaal von seinen Jüngern verabschiedet und unter anderem sagt: „Wohin ich gehe – den Weg dorthin kennt ihr", reagiert Thomas so: „Herr, wir wissen nicht, wohin du gehst. Wie sollen wir dann den Weg kennen?" Und sprichwörtlich geworden ist sein Zweifel an der Auferstehung Jesu. Ich würde mich gerne einmal mit Thomas unterhalten und könnte mir ein Interview mit ihm etwa so vorstellen:

Fragestellerin (F): Verehrter Thomas, Sie haben ja eine erstaunliche Karriere hinter sich. Vom ‚ungläubigen Thomas' und vom misstrauisch beäugten Zweifler sind Sie in kürzester Zeit zum Sympathieträger, zum Prototyp des Christen, ja zum ‚Heiligen der Neuzeit' aufgestiegen. Können Sie sich das erklären?

Thomas (Th): Mir fallen spontan zwei Gründe dafür ein. Zum einen vermute ich, dass sich heute immer mehr Christen mit mir identifizieren können; dass viele ihren Kinderglauben auf den Prüfstand stellen und plötzlich vor großen Fragen stehen. Und zum anderen entdeckt man langsam auch in der Kirche, dass Glaube und Zweifel überhaupt keine Gegensätze sein müssen. Neulich habe ich sogar das Sprichwort gehört: „Wo der Glaube lebt, da singt der Zweifel die zweite Stimme."

F: Können Sie mir sagen, womit diese Entwicklung zusammenhängt?

Th: Noch das Erste Vatikanische Konzil hat vor 140 Jahren feierlich erklärt: „Zweifel ist Sünde." Heute sagt mein Freund Anselm Grün: „Der Zweifel ist der Motor des Glaubens." Er hat wie viele andere erkannt, dass erst das Suchen, das Fragen, das Ringen um die Wahrheit zu einem reifen und tiefen Glauben führt. Wer für alles eine Erklärung parat hat, wer sich nicht schwertut damit, die Katastrophen auf der Welt, die Bosheit der Menschen, das Leiden so vieler Unschuldiger, die Armut, den Hunger und die Krankheiten mit einem guten Gott in Verbindung zu bringen, der ist bei einem oberflächlichen Glauben stehengeblieben.

F: Glauben Sie, dass diese positive Sicht des Zweifels schon bei allen Christen angekommen ist?

Th: Da habe ich – gestatten Sie den Scherz – noch erhebliche Zweifel. Aber ich nehme auch wahr, dass sich immer weniger Gläubige mit schönen Worten und frommen Floskeln zufriedengeben. Und ich habe den Eindruck, dass immer mehr sich wehren gegen vorschnellen Trost; gegen Predigten, die alles so genau wissen; gegen Vorschriften, die nicht mehr verständlich sind. Ich wünsche mir jedenfalls eine Kirche, die liebevoll mit Unsicheren und Fragenden, mit Kritikern und Zweiflern umgeht und das Gespräch mit ihnen sucht.

F: Neben dem Mut zum Zweifeln schätze ich an Ihnen, dass Sie Ihre Glaubensentscheidung nicht vom Hörensagen her treffen wollen. Die Erzählung Ihrer Freunde, sie seien Jesus begegnet, reicht Ihnen noch nicht. Sie wollen selbst diese Erfahrung machen, Sie wollen selbst mit Jesus in Berührung kommen und seine Nähe spüren.

Th: Genau das ist mir wichtig. Ohne persönliche Begegnung mit ihm, ohne hautnahen Kontakt zu ihm verkümmert der Glaube. Um das zu verdeutlichen, erzähle ich gerne eine kleine Geschichte: Ein Mönch trifft einen anderen und sagt: „Wie kommt es nur, dass so viele ihr christliches Leben aufgeben und den Glauben verlieren?" Der andere antwortet: „Das geht im Glaubensleben wie mit einem Hund, der einen Hasen aufgespürt hat. Er jagt ihm nach und bellt aus Leibeskräften. Viele andere Hunde schließen sich ihm an und jagen hinterher. Doch dann kommt der Augenblick, in dem alle, die den Hasen nicht sehen, müde werden und davonlaufen. Nur der, der ihn aufgespürt hat, hält bis zum Ende durch." Und der Mönch fügt hinzu: „Nur wer Christus persönlich begegnet ist, kann den Glauben an ihn durchhalten."

F: Wie stellen Sie sich das vor – Jesus Christus persönlich begegnen? Die Chance, die Sie und die anderen Jünger hatten, haben wir heute ja nicht mehr.

Th: Das ist klar. Aber mir fallen einige Möglichkeiten ein, wie Sie mit ihm ‚in Berührung' kommen können: durch die intensive Beschäftigung mit der Heiligen Schrift; im Gespräch über ihn und seine Vorstellungen von der neuen Welt Gottes; in Gebet und Meditation oder in der Tischgemeinschaft mit ihm, zu der Sie in den Gottesdiensten eingeladen sind; aber auch in der Begegnung mit Menschen, die in seinem Geist leben, die aus dem Glauben an ihn heraus ihr schweres Schicksal meistern, die trotz Krankheit und Leid Gelassenheit, Freude und Hoffnung ausstrahlen. Das alles sind für mich im wahrsten Sinn des Wortes ‚Berührungs-Punkte' mit ihm. Hier ist er auch heute noch lebendig, hier wird er immer noch greifbar und spürbar.

F: Was Sie sagen, setzt aber eine lebendige Kirche voraus, lebendige Gemeinden und Gemeinschaften, begeisterte Christen.

Th: Da haben Sie recht. Sicher kennen Sie das Sprichwort: „Wer nicht hören will, muss fühlen." Ich behaupte genau das Gegenteil: „Wer hören will, muss fühlen." Wer die Stimme Jesu in seinem Leben hören will, der muss ihn fühlen und spüren können. Und der braucht eine Kirche, die nicht nur ‚Lehrmeisterin' ist, die nicht nur lehrt und das Horchen und Ge-Horchen verlangt, sondern die Erfahrungen mit dem lebendigen Christus ermöglicht, in der sein Geist herrscht, in der etwas von seiner Weite, von seiner Freiheit zu spüren ist.

F: Da erwarten Sie aber sehr viel von der Kirche.

Th: Das stimmt. Aber dieses Ziel muss sie im Auge haben, wenn sie Kirche Jesu sein will. Allerdings kann ich ihr auch noch einen kleinen Trost mit auf den Weg geben – der Kirche als Ganzes und jedem einzelnen Christen. Sie alle kennen das geflügelte Wort: „Wer zu spät kommt, den bestraft das Leben." Ich habe etwas anderes erfahren: „Wer zu spät kommt, den beschenkt das Leben." Ich bin zu spät gekommen, ich war nicht bei den ersten, die dem auferstandenen Herrn begegnet sind. Ich habe Zeit gebraucht, mich an Christus buchstäblich ‚heranzutasten'. Ostern ist erst langsam in mir gewachsen – aber ich bin reich beschenkt worden. Das Suchen und Fragen hat sich gelohnt.

F: Verehrter Thomas, ich bedanke mich ganz herzlich für dieses Gespräch – für alles, was Sie mir und unserer Kirche als Anregung mitgegeben haben. Johannes nennt Sie in seinem Evangelium ‚Didymus' – Zwilling. Ich wäre gerne Ihre Zwillingsschwester/Ihr Zwillingsbruder, und sicher gibt es viele, die sich als Ihre Zwillingsbrüder verstehen: die mit ihren Glaubenszweifeln ernst genommen werden wollen; die Jesus nicht nur vom Hörensagen kennen, sondern eine persönliche Erfahrung mit ihm machen möchten; die das Gefühl haben, zu spät zu kommen, und die sich wie Sie das Geschenk des Glaubens wünschen.
Eine Kirche mit vielen Thomas-Christen – das könnte eine menschliche, eine interessante, eine sich immer weiterentwickelnde Kirche sein ...

Alternative Bildmeditation
(Fastnachtspredigt in Versform)

Schon der Psalmist hat sich gedacht:
„Der in den Himmeln thront, er lacht."
Und wer das Neue Testament
wie Ihr - ein bisschen näher kennt,
der weiß: Wenn aus dem alten Trott
ein Sünder ausschert, freut sich Gott
und die, die seinen Thron umstehn
(vgl. Lk 15,10).

Wenn's nun schon in den höchsten Kreisen
so fröhlich zugeht, muss das heißen:
Die Menschen dürfen hier auf Erden
auch nie zu Trauerklößen werden.

Gott selbst sagt seinem Volk durch Moses:
„Ich will in jedem Jahr ein großes
und frohes Fest mit Tanz und Spiel!
Dass ihr euch freut, das ist mein Ziel."

Sogar der Skeptiker vom Dienst,
Kohelet, der für Luftgespinst
und Windhauch alle Dinge hält,
gibt zu, es muss in dieser Welt
auch eine Zeit zum Lachen geben.
Wer lacht, sieht als Geschenk sein Leben.
Und - last not least - die ersten Christen,
Jakobus, die Evangelisten,
und Petrus, Paulus - alle schreiben:
Wer Jesus kennt, kann fröhlich bleiben -
sogar in Not und in Bedrängnis,

in Angst und Leid und im Gefängnis;
vorausgesetzt, er spürt dahinter
die Gnade Gottes (2 Kor).

Es steht noch vieles in der Schrift,
was diese Fröhlichkeit betrifft.
Nur hilft es nichts, wenn wir's bloß lesen.
Wir müssen doch durch unser Wesen
und durch die Art, in der wir leben,
von dieser Freude Zeugnis geben.
Die Frohe Botschaft bleibt ein Witz;
sie hat im Leben keinen Sitz,
wenn wir sie in Gebote pressen
und andere an ihnen messen;
wenn wir - von Freude keine Spur –
verbissen sind und steif und stur;
wenn wir, anstatt charmant zu lächeln,
die Fehler anderer verhächeln;
wenn wir verkrampft die Stirne runzeln,
anstatt gelegentlich zu schmunzeln.

Nun, Gott sei Dank - es gab stets Leute
(und sicher gibt sie's auch noch heute),
für die der Glaube fröhlich war,
gelassen, spielerisch sogar.
Ich will jetzt keine Namen nennen -
nur Bilder zeigen und bekennen:
Ich hatte bisher keinen Dunst,
wie oft doch Malerei und Kunst
Humor und Heiterkeit erwecken.
Zum Beispiel hier kann man entdecken:

Zu verschiedenen Anlässen

Der Engel, der am leeren Grab
die Osterbotschaft weitergab,
hat kurz zuvor noch Ball gespielt
und auf das große Tor gezielt,
das wir im Hintergrund erkennen;
dann hörte er die Frauen rennen,
hat schnell den Ball im Grab versteckt,
und sprach: „Der Herr ist auferweckt!"

Selbst wenn mir jetzt so mancher sagt,
die Deutung sei doch sehr gewagt,
behaupte ich: „Auf keinen Fall!"
Auch diese Engel spielen Ball.
Vielleicht ist's auch ein Luftballon,
denn unten sieht man nämlich schon,
wie neue aufgeblasen werden.
Und - schaut einmal auf die Gebärden:
Ein jeder strengt sich mächtig an,
damit er auch mal fangen kann.

Und sollte nun noch einer meinen,
er könnte weiterhin verneinen,
dass Engel gerne Spiele machen,
dem muss ich sagen: er wird lachen.
Ich habe noch ein weitres Bild,
das bei Experten etwas gilt.
Sie sind sich nur noch nicht ganz klar,
was hier das Spiel des Engels war:
Wirft er den Diskus? Will er kegeln?
Übt er gerade Freistoßregeln?
Hält er die Scheibe gar als Ziel
für andre hin beim Wurfpfeilspiel?
Ein Fachmann warf in die Debatte,

es sei wohl eine Langspielplatte,
die dieser Engel hören wolle.
Wer das nicht akzeptiere, solle
ein andres Bild zu Rate ziehn:
Hier sieht man die drei Weisen knien
im kleinen Stall von Betlehem.
Geschenke waren kein Problem:
Sie hatten es schon viele Male
geschafft - als „Trio Orientale" -
sich eine „Gold'ne" zu ersingen;
die Neuste wollten sie jetzt bringen.
(Es handelte sich um den Hit:
„Drei Mann, ein Stern, ein schwerer Ritt").

Ein letztes Bild zum Thema „Spielen":
Hier will ein Mann von seinen vielen
und langen Reisen sich erholen.
Er schaukelt, während ganz verstohlen
zwei andre sich mit Blicken fragen:
„Wie kann denn Paulus so was wagen?"
Soll - frage ich - ein Missionar,
der jahrelang auf Achse war,
um andern Freude mitzugeben,
nicht selber fröhlich sein, und leben,
wie seiner Stimmung es entspricht?
Mich stört das Kind im Manne nicht!
Er war ja oft genug bedrängt,
ist häufig in der Luft gehängt
und musste sich verschaukeln lassen.
Ich wünschte, dass auch wir erfassen,
was es bedeutet, froh zu sein:
Es wird dann manches ziemlich klein,
was uns sonst Sorgen macht und quält.

Matthäus sagt, was wirklich zählt:
Reich Gottes und Gerechtigkeit -
den Rest stellt ER für uns bereit;
das heißt: den Glauben wird er schenken.
Wir müssen dann für uns bedenken,
wie wir ihm einen Raum gewähren,
wie wir ihn „füttern" und „ernähren".
Wir müssen ständig ihn bedienen
mit möglichst vielen Vitaminen.
Denn wenn wir die ihm vorenthalten,
kann er sich wirklich nicht entfalten.
Er ist dann - ohne Saft und Kraft -
nach kurzer Zeit schon abgeschlafft.

Der Apfel ist hier ein Symbol
und zeigt uns nur, wie „frucht-bar" wohl
der Glaube bei Maria war.
Die Gurke hinter ihr - ganz klar -
weist ebenfalls in diese Richtung;
wenn sie auch sonst in Kunst und Dichtung
an keiner Stelle mehr erscheint -
wir wissen doch, was sie hier meint.
Zumindest können wir es ahnen.
Auf andern Bildern sind's Bananen,
die uns genau dasselbe sagen:
Der Glaube geht auch durch den Magen!

Ich denke schon, dass man es merkt,
wenn einer seinen Glauben stärkt
und ihm von Zeit zu Zeit den Saft,
den er zum Wachsen braucht, verschafft.
Saft auf lateinisch heißt: Humor.

Und der kommt viel zu selten vor
im Glauben mancher Zeitgenossen.
Sie meinen wohl, wenn sie verdrossen
und finster dreinschaun, sähe man
den „wahren Christen" ihnen an.

Ganz anders diese jungen Damen,
die wohl ihr Soft-Eis grad bekamen,
und nun vergnügt nach Hause gehen.
Man kann das Bild auch anders sehen:
Die Mädchen backen einen Kuchen;
sie wollen nun den Ofen suchen
- die Model haben sie dabei -
und freun sich auf die Schleckerei.
Man hält die Mädchen, die hier schmunzeln,
auch für die Jungfraun mit den Funzeln;
und zwar für welche von den Klugen,
die Öl genügend bei sich trugen.

Ich meine, wenn der Glaube nicht
in einem fröhlichen Gesicht
zum Ausdruck kommt, läuft etwas schief
- zumindest sitzt er noch nicht tief.

Zum Schluss - wie üblich - die Moral:
Wenn unser Glaube eine Qual
und bloße Pflichterfüllung ist,
die jede Fröhlichkeit vergisst,
dann ist er - meine ich - fast blind.
Und was ihm fehlt, weiß jedes Kind:
Die Brille, die relativiert
und Kleinigkeiten aussortiert.
Die Brille, die die Augen lenkt

auf alles, was uns Freude schenkt;
die hilft, die Blicke umzudrehen,
und von uns selber abzusehen.
Die Brille, die uns heiter macht
und zeigt, wie man von Herzen lacht.

Ich bitte Euch: In Gottes Namen
besorgt Euch diese Brille! - Amen.

Bilderverzeichnis
Bild 1   Osterbotschaft
Bild 2   Frauen am Grab, Armenien 1038
Bild 3   Der Engel mit dem Mühlstein, Bamberger Apokalypse um 1020
Bild 4   Anbetung der Könige, äthiopisch 1420
Bild 5   Flucht des Paulus, 10. Jh
Bild 6   Thronende Gottesmutter
Bild 7   Thronende Gottesmutter, Sakramentar Maria Laach um 1150
Bild 8   Kluge Jungfrauen, Nordfassade Nürnberg, Sebalduskirche
Bild 9   Lesender Apostel, C.v.Soest, Wildunger Altar 1400

Die ‚Schriftgelehrten' in unseren Gottesdiensten (Fastnachtspredigt in Versform)

In China gibt's ein „Jahr des Rindes",
bei uns dafür das „Jahr des Kindes"
und – manchmal auch - ein „Jahr der Bibel",
wo wir uns fragen: Wie sensibel
bin ich denn für die Heil'ge Schrift?
Gibt es ein Wort, das mich betrifft,
das meinem Weg die Richtung weist,
das mich aus meiner Trägheit reißt?

Als Pfarrer stellt man dieser Tage
natürlich noch die andre Frage:

Lebt die Gemeinde hier vor Ort
auch wirklich nach dem Bibelwort?
Hat sie tatsächlich schon gespürt,
dass Bibelkenntnis weiterführt?
Treibt denn das Evangelium
die Leute von ... um?

Ich habe lange nachgedacht
und mir dann einen Reim gemacht
auf manches, was seit Jahresfrist
mir hier so aufgefallen ist.
Inzwischen sehe ich ganz klar:
Es gibt sie - eine große Schar
von treuen, bibelfesten Christen,
die hier in St. ... nisten
und sich ganz streng ans Wort des Alten
und Neuen Testamentes halten.

Mir fällt Matthäus 20 ein:
„Die Letzten werden Erste sein!"

Wenn ich hier vorn am Ambo stehe
and ab und zu zur Kirchtür sehe:
Da kommen immer wieder „Letzte"
- Verschlafene und Abgehetzte,
Senioren, Kinder, Mütter, Väter.
Sie schleichen zehn Minuten später
verstohlen in die letzte Bank,
und denken dabei: Gott sei Dank,
das Ende ist jetzt schon in Sicht,
und allzu lange bleib ich nicht!
Denn meistens - das ist nicht zum Lachen -
kann ich dann die Erfahrung machen,

dass diese „Letzten" früher gehen,
als „Erste" schon im Freien stehen,
wenn andere noch kräftig singen,
um Lob und Dank vor Gott zu bringen.
Beim Segen seh' ich sie schon packen,
und danach nur noch ihre Hacken,
wenn sie - von Panik angetrieben -
in Scharen aus der Kirche stieben.
So lernt man hier bereits als Kind,
dass „Letzte" wirklich „Erste" sind.

Es ist schon richtig - ganz bestimmt,
wenn jemand sich zu Herzen nimmt,
was Jesus zu den Menschen spricht.
Doch das gefällt ihm sicher nicht:
dass einige von seinen Frommen
als Letzte stets zur Kirche kommen,
um dann als Erste zu verschwinden:
Das würde er wohl seltsam finden.

Bei Lukas 14 steht zu lesen,
der Herr sei einst zu Gast gewesen
bei einem reichen Pharisäer.
Er sah, wie mancher immer näher
dem Hausherrn auf die Pelle rückte,
und wie es ihm dann schließlich glückte,
auf einem von den Ehrenplätzen
zu sitzen und gescheit zu schwätzen.
Da sagte Jesus diesen Satz:
„Setz' dich stets auf den letzten Platz!"

Ein kurzer Blick hier vom Altar
reicht aus - und mir ist wieder klar:

Es muss bei uns sehr viele geben,
die streng nach diesem Schriftwort leben:
Sie nehmen sonntagaus -tagein
konstant die letzten Plätze ein
- im Rücken nur die Kirchentore
und ganz im Schatten der Empore.
(Wahrscheinlich hat Jesaja schon
dieselbe Situation
erlebt, weil er ja dauernd spricht:
„Das Volk im Dunkeln sieht ein Licht!")

Wie schon gesagt - es ist ganz gut,
wenn einer Jesu Willen tut.
Nur - es ist manchmal wie verhext -
stoppt er gerade da im Text,
wo er entdeckt, was ihm goutiert,
und überliest, was provoziert.
Im Beispiel von den letzten Plätzen
sagt Jesus in den nächsten Sätzen:
„Mein Freund, rück' auf! Setz' dich hierher!"
Ich frag' mich: Ist es denn so schwer,
es auch mal damit zu probieren -
Berührungsängste zu verlieren?

Johannes, der Evangelist,
beschreibt, wie es gewesen ist,
als Christus seiner Jüngerschar
zum ersten Mal erschienen war
und Thomas das nicht glauben wollte.
Voll Zweifel sagte er: „Ich sollte
den Auferstand'nen selber schauen
- genau wie ihr und wie die Frauen!
Erst wenn er kommt durch diese Türe

und ich die Nagelwunden spüre,
dann kann ich glauben – vorher nicht!"
Sie wissen schon, was Christus spricht,
als Thomas seine Seite fasst:
„Du glaubst, weil du gesehen hast.
Doch selig ist, wer überhaupt
nichts sieht, und dabei trotzdem glaubt."

Ich werde den Verdacht nicht los:
Die Anzahl derer ist sehr groß,
die sich bei uns viel Mühe geben,
um streng nach diesem Wort zu leben:
Sie sitzen in den letzten Ecken,
als wollten sie sich dort verstecken,
und sind, das können Sie sich denken,
durch nichts vom Glauben abzulenken,
weil sie ja überhaupt nichts sehen
von dem liturgischen Geschehen
hier vorn an Ambo und Altar.
Ob das im Sinne Jesu war?
Ob er wohl diese Wirkung ahnte,
als er den Thomas so ermahnte
zu einem Glauben ohne Sehen?
Kann man ihn denn so missverstehen?

Ich hab' mich lange Zeit gefragt:
Warum klingt vieles so verzagt,
was aus Gemeinde-Lippen dringt,
wenn man hier betet oder singt?
Warum kommt nur ein zarter Hauch
aus Mund und Kehle oder Bauch?
Warum denn nur gedämpfte Töne
statt frische, kräftige und schöne

Gebete, Antwortrufe, Lieder?
Die Lösung heißt natürlich wieder:
Es muss hier viele Leute geben,
die bibeltreu ihr Christsein leben.

In diesem Fall steckt wohl dahinter
ein Brief des Paulus - 1 Korinther:
„Die Frau soll in der Kirche schweigen
und immer nur bedeckt sich zeigen!"
Auch steht in 1 Timotheus,
dass sie sich still verhalten muss
und sich zurückhält, wo sie kann,
und niemals übertönt den Mann.
Die jungen Männer wie die alten,
die scheinen sich an das zu halten,
was sie in Markus 14 lesen,
als Jesus vor Gericht gewesen:
dass er - vor Augen Kreuz und Grab -
nur schwieg und keine Antwort gab.
Dazuhin kann ich nur vermuten,
dass man mir damit einen guten
und einen frommen Dienst erweist.
Wenn es bei Jeremia heißt:
„Ich hör' das Flüstern von den Vielen",
dann will man vielleicht darauf zielen,
mir die Erfahrung auch zu gönnen.
Wie sonst hätt' ich sie machen können?
So geht's, wenn viele Weggefährten
sich fühlen wie die Schriftgelehrten:
Kein noch so froher Orgelklang
kann sie zu munterem Gesang
und kräftigem Gebet verführen,
zu frischen Antwortrufen rühren.

Ein vielzitiertes Bibelwort
wird von Gemeinden hier und dort
und auch bei uns sehr ernst genommen:
Zu denen, die mit Jesus kommen,
spricht er: „Das sage ich euch, Amen:
Wo zwei bis drei in meinem Namen
versammelt sind, da bin auch ich
in ihrer Mitte – sicherlich!"

Wenn sich bei uns die Reihen lichten
und viele ganz darauf verzichten,
zum Gottesdienst noch zu erscheinen,
dann könnte man ja wirklich meinen:
Wir sind schon diese kleine Herde,
die nichts zu fürchten haben werde,
wenn sie auf ihren Herrn vertraut
und nicht auf Pracht und Reichtum schaut.
Wenn der Gedanke auch besticht:
Ich glaube fest, dass Jesus nicht
verheißt, wo höchstens zwei und drei
beisammen sind, bin ich dabei.
Mein Lieblingslied – gesteh' ich hier –
heißt: „Liebster Jesu, wir sind vier"
und wollen unser Pflänzlein gießen,
dass sich die Reihen wieder schließen.

Ich will ein letztes Beispiel geben,
wie schriftgemäß hier manche leben.
Und damit lass ich's dann bewenden:
Wenn unsre Körbchen für die Spenden
am Sonntag durch die Reihen wandern
und flott von einer Hand zur andern
oft unbeachtet weitergehn,

dann ist mir klar: Matthäus 10
nennt hierfür einen guten Grund.
Wir hören da aus Jesu Mund:
„Zwei Dinge will ich deutlich sagen,
dass ihr nie einen Beutel tragen
und schleppen sollt durch diese Welt;
und - dass ihr keinen Pfennig Geld,
kein Silber, Kupfer oder Gold
in euren Gürtel stecken sollt!"

Wenn Sie mal in die Körbchen schielen:
Die Mahnung Jesu wird von vielen,
die ohne Geld und Beutel kommen,
mehr, als uns lieb ist, ernst genommen.

Doch scheint mir dies kein Einzelfall.
Es gibt zur Zeit wohl überall
in Deutschlands Kirchen die Tendenz,
weshalb die Bischofskonferenz
sich überlegt, ob ein Gebet,
das bisher nicht im Messbuch steht,
vom Priester leis zu beten sei
nach der Kollektensammelei.
Es würde heißen: „Gott, sieh her,
die Körbchen kamen, zwar fast leer,
jedoch in voller Zahl zurück.
Keins ist gestohlen - welch ein Glück!"

Man denkt, für einen Pfarrer muss
es doch ein wahrer Hochgenuss
und eine Riesenfreude sein,
wenn die Gemeinde von allein
die Bibel intensiv studiert

und in ihr Leben integriert.
Er reagiert jedoch verstört,
wenn sich - wie eben grad' gehört -
die Leute auf den falschen Text
fixieren, und dann - wie verhext -
ihn auch noch ständig praktizieren.
Da kommt er schließlich ins Sinnieren
und wünscht sich lieber solche Christen,
die bibel-los ihr Dasein fristen,
dafür als Erste hierher eilen
und bis zum Ende auch verweilen;
die sich ganz frisch und ohne Zagen
zum Feiern ganz nach vorne wagen;
die sehen wollen, was geschieht;
die kräftig singen Lied um Lied;
die sich in großer Zahl versammeln
und nicht zu zweit und dritt vergammeln;
die auch noch gern und reichlich spenden,
nicht jeden Euro zweimal wenden.

Mein Beitrag zu dem „Jahr der Bibel"
war weder ernst noch sehr penibel.
Doch hoffe ich, Sie werden schmunzeln,
und nicht erbost die Stirne runzeln.
Denn Christenleute dürfen lachen
und fröhliche Gesichter machen.
Sie haben dafür einen Grund:
die Frohbotschaft aus Jesu Mund!
Dass Sie sich freu'n in Gottes Namen,
das wünsch ich Ihnen heute. Amen.

Praktische Beispiele

Zwischenruf eines alten Narren (Fastnacht)

Das Fach Geschichte kann langweilig sein - Jahreszahlen auswendig lernen; wichtige Ereignisse aus vergangenen Zeiten aufzählen; sich mit Dingen beschäftigen, die für unser heutiges Leben wenig Bedeutung haben.
Geschichte kann aber auch spannend sein wie ein Krimi:
- *wenn mir plötzlich aufgeht, was diese oder jene Entwicklung, die ich beobachte, früher einmal ausgelöst hat;*
- *wenn ich entdecke, welche Wurzeln ein Fest hat, das wir heute noch feiern;*
- *wenn sich auf einmal zeigt, dass zwischen einzelnen Fakten ein Zusammenhang besteht und aus vielen Puzzleteilen ein stimmiges Bild wird.*

So spannend war für mich ein Blick in die Geschichte der Fastnacht, und meine Entdeckungen möchte ich einem alten Narren in den Mund legen, der seine Kolleginnen und Kollegen an ihre interessante Vergangenheit erinnern will:

„Liebe Närrinnen und Narren" - würde er sagen – „ich weiß, es ist jetzt nicht die Zeit für ernste Gedanken. Trotzdem kann ich mir einen Zwischenruf mitten hinein in unser närrisches Treiben, in unsere Prunksitzungen und Umzüge nicht verkneifen. Denn ich bin mir ziemlich narren-sicher, dass viele von uns gar nicht mehr wissen, warum es uns überhaupt gibt, und welche wichtige Aufgabe wir haben. Ich halte euch wirklich nicht zum Narren, wenn ich behaupte: Wir sind die Prediger dieser Tage, wir können und sollen die Leute an das wichtigste Gebot des Evangeliums erinnern. Und wir brauchen dazu nicht einmal Worte - unser Narrenkleid und unsere Ausrüstung sagen schon alles.

Denk an Gott! - Dazu fordert der Narrenstab auf, der seit Jahrhunderten zu unseren wichtigsten Erkennungszeichen zählt: eine Keule,

an deren dickerem Ende ein Narrengesicht eingeschnitzt ist. In alten Bibelhandschriften illustrieren Narren, die unentwegt auf ihren Stab mit dem eigenen Spiegelbild starren, den 53.Psalm. Er beginnt mit den Worten: ‚Die Narren sagen in ihrem Herzen: Es gibt keinen Gott.' Es ist närrisch, Gott zu vergessen und zu verdrängen, da wir letztlich ihm unser Leben verdanken, da wir doch seine Geschöpfe sind. Es ist töricht, nur sich selbst zu bespiegeln und auf sich fixiert zu sein. Marotte nennt man den Stab mit dem Narrengesicht, und er soll uns warnen vor der Marotte, vor der spinnigen Idee, sich selbst wie Gott zu gebärden. ‚Narrenzepter' sagen manche zu dieser Keule mit dem eigenen Spiegelbild – und es soll zeigen, wie lächerlich es ist, sich selbst an die Stelle des wahren Königs und Herrn zu setzen.
Denk an Gott! – Das ist der erste Satz unserer Narrenpredigt.

Denk an deinen Nächsten! – Dazu ermahnen unüberhörbar die Schellen, die wir mit uns herumtragen. Buchstäblich auf Schritt und Tritt erinnern sie an die Worte, die Paulus den Korinthern ans Herz gelegt hat, und die bis vor kurzem an jedem Fastnachtssonntag im Gottesdienst vorgelesen wurden: Ein Mensch ohne Liebe ist wie tönendes Erz oder klingende Schelle.
Es ist närrisch, ohne Achtung vor den Mitmenschen durchs Leben zu gehen, lieblos und egoistisch. Es ist dumm, sich der eigenen Klugheit und Begabung zu rühmen und dabei auf den Nächsten herunterzuschauen.
Jeder Schellenträger, der in diesen Tagen durch die Straßen springt, will, dass auch dem letzten die Ohren klingeln und er einsieht: ein Leben ohne Nächstenliebe ist hohl und oberflächlich.
Denk an deinen Nächsten! – Das ist der zweite Satz unserer Narrenpredigt.

Denk an dich selbst! – Dazu drängt unsere Narrenkappe mit den Eselsohren. Sie stellt uns das Tier vor Augen, das schon in den ersten christlichen Jahrhunderten zum Sinnbild für geistige Trägheit geworden ist, und das auch die störrische Widerspenstigkeit des Menschen symbolisieren soll.

Es ist närrisch, sich keine Gedanken über sein Leben zu machen und zu allem I-a zu sagen. Nur ein Esel vertrödelt seine Zeit und gibt seinem Leben kein eigenes Profil. Es ist unsinnig, sich störrisch gegen jede Entwicklung zu wehren und die eigenen Talente brachliegen zu lassen. Nur ein Esel lässt seine Anlagen verkümmern und denkt nicht darüber nach, welchen Weg Gott mit ihm gehen möchte.

Wenn wir in diesen Tagen unsere Narrenkappe aufsetzen, dann zeigen wir allen, die uns begegnen: Du bist ein verkappter Esel, wenn Du Dir durch Trägheit und Widerspenstigkeit Deine eigene Zukunft verbaust.

Denk an dich selbst! - Das ist der dritte und letzte Satz unserer Narrenpredigt."

„Liebe Närrinnen und Narren", - so würde unser alter Narr seine Rede beenden – „Augustinus hat einmal gesagt: ‚Liebe - und dann tu, was du willst!' - Genau das ist die Predigt unserer Narrenstäbe, unserer Schellen und unserer Kappen. Genau das ist unsere Botschaft: Liebe Gott und deinen Nächsten wie dich selbst - dann hast du Narrenfreiheit, nicht nur in diesen Tagen ..."

Autoren

Dr. Wolfgang Raible ist Krankenhausseelsorger in Stuttgart

Prof. Dr. Erich Garhammer ist Pastoraltheologe an der theologischen Fakultät der Universität Würzburg.

Dr. Jörg Seip und Dr. Bernhard Spielberg sind Mitarbeiter am Lehrstuhl für Pastoraltheologie an der theologischen Fakultät der Universität Würzburg.

kbw Kinderkatechese

Beate Brielmaier (Hrsg.)
Kinder- und Familiengottesdienste für alle Sonn- und Festtage
Lesejahr C

17 x 24 cm; ca. 288 Seiten; kartoniert
ISBN 978-3-460-**25511**-1

Lebendige, kreative und praxisnahe Arbeitshilfen für die Gestaltung von Kinder- und Familiengottesdiensten in Gemeinde und Schule mit rund 70 Modellen. Der Band bietet kindgerechte Bibeltexte, Erklärungen zum Bibeltext und Bausteine für die Gestaltung der Gottesdienste. Eine Rundum-Vorbereitung für alle Mitarbeiterinnen und Mitarbeiter in der Kinder- und Familienkatechese!

Bestellen Sie über Ihre Buchhandlung oder über:

kbw bibelwerk *impuls* kbw

VersandBuchHandlung
Silberburgstraße 121, 70176 Stuttgart
Tel. 0711/61920-37, Fax 0711/61920-30
E-Mail: impuls@bibelwerk.de
www.bibelwerk.de